陈嘉庚纪念馆研究丛书
Tan Kah Kee Memorial Museum

陈嘉庚 的故事

陈嘉庚纪念馆 / 编著

厦门大学出版社
XIAMEN UNIVERSITY PRESS
国家一级出版社
全国百佳图书出版单位

图书在版编目（CIP）数据

陈嘉庚的故事 / 陈嘉庚纪念馆编著. -- 厦门 ：厦
门大学出版社，2024. 10. -- ISBN 978-7-5615-9513-8

Ⅰ. K828.8-49

中国国家版本馆 CIP 数据核字第 20248U5A77 号

责任编辑	冀　钦	
责任校对	英　瑛	
美术编辑	蒋卓群	
技术编辑	许克华	

出版发行　厦门大学出版社

社　　址　厦门市软件园二期望海路 39 号

邮政编码　361008

总　　机　0592-2181111　0592-2181406(传真)

营销中心　0592-2184458　0592-2181365

网　　址　http://www.xmupress.com

邮　　箱　xmup@xmupress.com

印　　刷　厦门市竞成印刷有限公司

开本　720 mm×1 020 mm　1/16

印张　9.75

插页　2

字数　128 千字

版次　2024 年 10 月第 1 版

印次　2024 年 10 月第 1 次印刷

定价　60.00 元

厦门大学出版社
微信二维码

厦门大学出版社
微博二维码

陈嘉庚（1874—1961）

编委会

主　编
翁荣标

副主编
洪景淑　林东霞

执行主编
李冰洋　陈辉煌

编　委
（按姓氏笔画排序）
杜倩茜　沈鹭璐　陈俊林　陈雅旋
周　琴　柯　俊　彭何毅

前 言

在浩瀚的宇宙中，有一颗小行星叫作"陈嘉庚星"。这颗编号为2963号的小行星，仿佛沧海一粟，但它因梦想而熠熠生辉，引领着爱国华侨前行的方向。

陈嘉庚是一位传奇人物。十二载参政议政、四十四载创业奋斗、六十一载兴学办教，以及贯穿一生的爱国情怀，谱写了陈嘉庚波澜壮阔的传奇人生。

1874年10月21日，陈嘉庚出生在集美一片落后的小渔村里，这里民风剽悍，经济凋敝。母亲的慈爱赋予了他宽厚仁慈的品性，儒家思想的浸润让他将"以天下为己任"的担当深植于心。17岁那年，陈嘉庚应父亲函召，孤身一人下南洋学习经商。从协助管理货账，到接任顺安米店经理，他始终勤奋好学，不断摸索经营之道，短短几年的时间就辅佐父亲的实业达至顶峰。然而，商场如战场，局势瞬息万变。1903年，当陈嘉庚为母亲守孝后再次来到新加坡时，父亲的企业已欠下巨债。为了挽回父亲的信誉，他毅然承诺代父还债，担起重振家声的重任。

1904年，陈嘉庚创办新利川黄梨罐头厂，开创自己的事业。与此同时，他开始黄梨种植业方面的投资与米店的经营。1906年经济衰退，时值世界橡胶业趋向大景气之时，他果断投入橡胶种植业中，经济情况大有好转。1907年，他还清了父亲的债务，"一诺万金"的信誉传遍了新马华侨社会。1914年，第一次世界大战爆发，船运几乎全部停顿。陈嘉庚勇于尝试，化危机为契机，从租船起步，经营航运业，获利丰厚。战争结束，陈嘉庚集中力量拓展橡胶王国，将产品远销亚洲各地及欧美各国，并逐步实现橡胶经营从单一的农业垦殖到兼有加工、制造、贸易为一体的飞跃。

　　在艰苦创业、缔造企业王国的同时，陈嘉庚还开创了倾资兴学、培育英才的伟业。1912年，他受辛亥革命鼓舞，回到家乡集美，于次年创办乡立集美两等小学校。在其后的半个多世纪里，他在集美创建了包括幼稚园、男女小学、中学、师范、水产航海、商科、农林、幼稚师范等在内的普通教育与职业教育并重、男女学兼备的完备教育体系。陈嘉庚认为"科学之发展，乃在专门大学。有专门大学之设立，则实业、教育、政治三者人才，乃能辈出"，故于1919年回到厦门筹备创办大学。1921年4月6日，厦门大学举行开学式，标志着中国有史以来由华侨创办的第一所大学诞生了！

陈嘉庚在经济方面的雄厚实力，以及在教育与公益方面的努力，使得他的社会地位节节攀升。1910年，陈嘉庚加入中国同盟会新加坡分会，开始参与政治活动。1928年，陈嘉庚组织成立"山东惨祸筹赈会"，并出任主席，领导华侨抵制日货，筹赈祖国难民。1937年抗日战争全面爆发后，陈嘉庚出任南洋华侨筹赈祖国难民总会主席，将一千万南洋华侨团结在一起，以巨大的财力、物力、人力支援祖国抗战，为抗日战争和世界反法西斯战争的胜利立下卓著功勋。1940年，他组织南洋华侨回国慰劳视察团，慰劳前方抗日将士，考察国内抗战形势，坚定了"抗战必胜，建国必成"的信念，向世人传递"中国的希望在延安"的信息。1946年，国民党在美国的援助下发动大规模内战，陈嘉庚以南侨总会主席身份，致电美国总统，劝告美国停止对国民党的援助。

1949年，新政治协商会议筹备会即将召开，陈嘉庚应毛泽东邀请回国，以华侨首席代表身份参与筹备新政协，出席开国大典。祖国的新面貌令他欢欣鼓舞，他对祖国的前途充满信心，决定为建设新中国而奋斗，并于1950年5月回国定居。陈嘉庚历任中国人民政治协商会议全国委员会副主席、中华人民共和国全国人民代表大会常务委员会委员、中华人民共和国华侨事务委员会委员、中华全国归国华侨联合会主席等职，为国家的建设和发展奉献余生。

1961年8月12日，陈嘉庚因病于北京逝世，享年88岁。中央人民政府成立了以国务院总理周恩来为主任委员的"陈嘉庚先生治丧委员会"，为陈嘉庚举办了共和国成立以来为民主人士举行的最隆重的葬礼。8月20日，陈嘉庚的灵柩安葬于集美鳌园，这位爱国老人长眠于他热爱的家乡故土。

目 录

1 小小渔村少年郎

"呜哇⋯⋯呜哇⋯⋯"婴儿的啼哭声从颍川世泽堂中传来，麻利能干的接生婆兴奋地同产妇报喜，"查甫！查甫啊！"

这一天是清同治十三年九月十二日（公元1874年10月21日），本书的主人公——陈嘉庚，出生了。

小嘉庚的出生为母亲孙秀妹的生活带来了阳光与希望。父亲陈杞柏在南洋经商，因忙于生意很少回乡。贤德的母亲也没有跟随他去新加坡，而是留在家乡，操持家务、照顾长辈。父亲的侨汇时断时续，母亲每日忙里忙外，小嘉庚早早就懂得了生活的不易，懂事而勤劳。虽然小小年纪，但拔花生、讨小海、剖海蛎等各种活儿，他已经样

★　查甫：男孩，闽南方言。

你知道吗

★　1328年10月21日，明朝开国皇帝朱元璋出生于濠州钟离东乡（今安徽凤阳）。

★　1833年10月21日，瑞典化学家诺贝尔出生于瑞典斯德哥尔摩。

★　陈嘉庚的故乡——厦门集美的邮编刚好是361021哦，是不是很巧呀？

颍川世泽堂，位于福建省泉州府同安县仁德里集美社（今厦门市集美区尚南路48号）

样精通，也练就了结实的身板。

村民们的生活艰苦却简单。夜幕降临，皎洁的月光洒落在海面上。结束了一天辛勤的劳作，大家吃过晚饭，纷纷走出家门，三五成群地聚集在一起闲聊。孩子们互相追逐嬉戏，累了才回到大人身边坐下休息。每到这个时候，村里的叔公、爷爷总会给孩子们讲些有趣的历史故事。

小嘉庚记得在去讨小海的路上，会经过一口"国姓井"，听说是清初郑成功的部将刘国轩在建造集美寨的时候开凿的，再往海边走，还有个"延平故垒"，是刘国轩安营扎寨、训练水师的地方。

"郑成功到底是谁呢？为什么叫'国姓井'呢？'延平'又是什么意思？"这些疑问盘桓在他心间，这天终于有机会一问究竟。

"郑成功啊，是我们的民族英雄哩！"老人捻着胡须把这位抗清驱荷大将军的故事娓娓道来——

"郑成功本来是叫郑森，也是我们福建人，可他是在日本长崎出生的。7岁的时候，他才跟着父亲郑芝龙回到了祖国，定居在福建安海。郑森打小就聪明，回国之后就开始读书学习，15岁考取了秀才。他21岁的时候进入南京国子监学习，也是在这一年满洲铁骑入关。他们占领北京后又一路南下，想要统一全国。清军攻克扬州后，明朝军队仓皇逃窜，当时在位的弘光皇帝也在躲避途中被清军俘获。那些不愿投降的皇室宗亲与文武官员们纷纷南下，郑芝龙父子俩和其他大臣拥立当时的唐王朱聿键在福州称帝，改元隆武。隆武帝就封郑森为御营中军都尉，赐国姓朱、名成功，命他率领军队在沿海抵抗清军。为表彰他的功勋，永历帝朱由榔敕封他为'延平郡王'。'郑成功''朱成功''国姓爷'这些称呼就是这样来的。"

"然后呢？然后呢？"孩子们听得津津有味，七嘴八舌地问着。

"后来呀，在郑成功38岁的时候，他率领军队乘风破浪，横渡台湾海峡，在澎湖休整几天准备直取台湾。荷兰侵略者听说郑成功要进攻台湾，惊恐万分。他们把军队集中，固守着两座城堡，还在港口沉破船阻止郑成功的船队登岸。郑成功就在周围修筑土台，围困敌军 8 个月，之后他下令发起强攻，终于击败了荷兰在台湾的驻军。我们的台湾啊，沦陷在荷兰侵略者手里 38 年了，终于被国姓爷收回来啦！"

随着老人激动的讲述，小嘉庚的精神也跟着振奋起来。郑成功的事迹深深地震撼了他，在他幼小的心灵种下了一颗叫作"爱国"的种子。

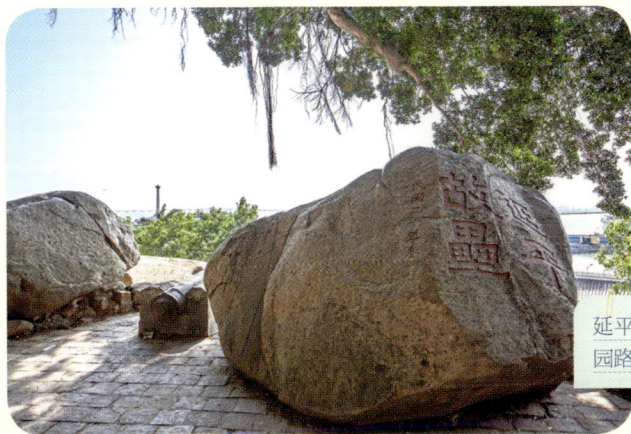

延平故垒（今厦门市集美区鳌园路 27 号延平楼前）

时光荏苒，小嘉庚渐渐长大，9 岁的时候他来到南轩私塾求学。这是一家旧式私塾，开学一个月了，学生们还在跟着私塾先生摇头晃脑地念着《三字经》。

乡里人称这种学习方式叫"念书歌"，小嘉庚很不喜欢。背完了《三字经》，又开始学习"四书"，文字晦涩难懂，可是先生又不加以讲解，每教一个多月还要回家休息半月。几年的时间一晃而过，小嘉庚没识多少字不说，对其中

> ★ 私塾是旧时家庭、宗族或教师自己设立的教学机构，为私学的一种。私塾通常教授《三字经》《百家姓》《千字文》，以及四书、五经。
> 四书：《大学》《中庸》《论语》《孟子》；
> 五经：《诗经》《尚书》《礼记》《周易》《春秋》。

含义也是一知半解。这一年，私塾先生换成了县学生陈令闻。他一改原来的教学模式，开始讲授《四书章句集注》，不但对课文详加解说，还教授了破题作文。陈嘉庚勤勉刻苦，课业突飞猛进，对古文和报刊文字也有了不少了解。

> ★ 《四书章句集注》是一部儒家理学名著，为宋代朱熹最有代表性的著作之一。

几年的私塾学习为陈嘉庚奠定了颇为扎实的国学功底，"以天下为己任"的儒家思想对他影响至深。

言传不如身教。除了私塾教育外，母亲的一言一行也对陈嘉庚产生了非常大的影响。母亲温柔善良、克己待人，深受亲友乡邻的敬重。她带着小嘉庚下地、下海劳作，带着他走亲访友，使小嘉庚对集美的山山水水和邻里乡亲怀有很深的感情。

那是1887年的冬天，村民们因为建造房屋的事情起了争端，大打出手。在这危急关头，母亲挺身而出，报告地方官出面阻止，才平息了斗争。然而，村民间已结下了仇怨。第二年秋天，械斗再次发生，官兵也只能暂时调停。面对同族相残，母亲心中悲痛，她一面和族长极力劝解，一面主动拿出20多年来省吃俭用攒下的数百金积蓄，抚恤双方死难家属。双方终于和解，并立字为据，从此再也没有发生此类争斗。她的宽厚大度感动了乡人，更让陈嘉庚深受教育。

1890年的夏天，私塾先生病逝后，陈嘉庚便辍学在家，一边自学，一边打理家务、做些农活。这一天，他从田间回来，看见母亲一言不发地坐着，面容凝重，连他进屋都没有注意到。

★ 批即侨批，专指海外华侨通过海内外民间机构汇寄至国内的汇款暨家书，是一种信、汇合一的特殊邮传载体。批广泛分布在福建省厦门、漳州、泉州和福州，广东省江门、梅州地区、潮汕地区以及海南省等地。

"阿母，是阿爸发生什么事了吗？"他盯着母亲手中的一张批紧张地问道。

"阿庚，你想去阿爸那边吗？"母亲干涩的声音响起。

"阿母，我……"他的内心挣扎了起来，一时竟不知如何是好。自己已经17岁了，没有学可上，也没有正经生计。他深知母亲为这个家付出了多少心血，带着年幼的弟妹，一个人会多么辛劳，可是他有自己的责任和抱负，他想闯出自己的一片天地，更好地护佑自己的亲人。

"阿庚啊，我知道你肯定是想去的，别担心我们，想去你就去吧！"母亲的眼角有泪水滑落。屋里传来婴儿的哭声，她一把抹掉泪水，匆匆向里屋走去。"我去看看敬贤，锅里有粥，你自己盛了吃吧。"

面对即将离去的儿子，母亲万般不舍，终是病倒了。陈嘉庚是个孝子，很爱自己的母亲，他果断推迟了行期，直到母亲病情好转才出发。

这一年，包括陈嘉庚在内，有42723人从厦门口岸出国到新加坡。17岁的渔村少年从此开启了"南洋客"的旅程，而他学商经商的帷幕也缓缓开启。

★ 南洋是明、清时期对东南亚一带的称呼，包括如今的马来群岛、菲律宾群岛、印度尼西亚群岛、马来半岛等地。"下南洋"在福建、广东、台湾一带也称"过番"，指到南洋一带谋生。

2 一波三折学商路

　　1843 年 11 月 2 日，厦门开埠，成为鸦片战争后中国首批被迫对外开放的五个口岸之一，比上海还早半年。厦门从此沦为半殖民地半封建社会，自给自足的自然经济遭到严重破坏，社会经济一蹶不振，走投无路的破产农民和手工业者纷纷远离故土，出洋谋生。陈嘉庚的父亲陈杞柏就是其中一员。

　　陈杞柏年轻时跟随两位兄长从集美到新加坡谋生创业，起初在米店当学徒。经过十几年的奋斗，他凭借自身出色的经营才能，在新加坡河畔开了一间"顺安"号米店。"切莫将蛋尽数放在一个篮子里"是陈杞柏的经商信条，经营米店赚了大钱后，他又向其他产业发展，先后经营硕莪厂及房地产业，还买地种植黄梨，并创办了黄梨罐头厂。

　　1890 年，陈嘉庚漂洋过海来到新加坡后，就被父亲安排在顺安米店协助打理店务，熟悉各项业务。陈嘉庚勤奋刻苦、虚心学习，他从协助管理货账，到接任顺安米店经理和财务，不断摸索经营之道。凡他经手的大小交易，笔笔准确无误。在他参与经营的两年间，父亲的资产约存 10 余万元。

> ★ 硕莪又名西谷椰子、西密棕、西米椰子，属棕榈科西谷椰属，是一种原生于东南亚马来群岛的植物，以生产硕莪淀粉（即西米）而知名。

> ★ 黄梨指菠萝，热带水果，传入中国后，主要产地在广东、广西、福建、台湾以及海南等地区。在客家话中，直接以颜色指代，称菠萝为黄梨，并且这种叫法还流传到了东南亚一带的华人群体中。

陈嘉庚在南洋（三联画）

然而，陈杞柏的生意并不是一帆风顺的。

1897 年冬，陈嘉庚挚爱的母亲因染瘟疫在集美病逝，他悲痛万分，恨不能立刻回到魂牵梦萦的家乡，然而由于父亲的生意无人打理，分身乏术。直到第二年秋天，族叔到新加坡接替了他的工作，他才启程回国。

回到集美家中，陈嘉庚跪在母亲的灵柩前泪如泉涌，为母亲举办祭礼后，又匆忙选址，破土造墓。然而风水先生说所开墓穴方向不合，两年后才可下葬。陈嘉庚只得遵从风水先生的吩咐，临时安顿母亲的灵柩，延缓下葬。

陈嘉庚安排好了家中事务，先行返回新加坡。

有一次，陈嘉庚偶然在朋友那里看到一本药书，名叫《验方新编》，由日本横滨中华会馆编印，书内注明"任人印送"字样，市面上还买不到。他翻看着，想到母亲的病逝，不禁再次哽咽流泪。"闽南乡村瘟疫横行、十病九死，如果每个村子都有这样一本药书该多好啊！"他立刻找到一位香港朋友，出资请他汇到日本定印，前后数次，共印了六七千本，封面标明"同安集美陈家奉送"，免费赠送给闽南各乡。

1900 年冬，陈嘉庚重返家乡，怀着悲痛的心情安葬了母亲的灵柩，并为她守孝 3 年。此时的祖国民生凋敝，满目疮痍。帝国主义八国联军打进了北京，京师内外惨遭洗劫，美丽的厦门也被帝国主义觊觎，1903 年，鼓浪屿被划为"公共租界"。

1903 年夏末，陈嘉庚再次来到新加坡。只见顺安米店里凌乱不堪，员工懈怠，好像很久没人光顾过生意，萧条的景象令他大惊失色。来不及多想，他忙去家里寻找父亲。3 年不见，父亲竟已面容枯槁，见到儿子也开心不起来。父亲与他简短说了几句话，就继续卧床休息了。

陈嘉庚心中忐忑，匆匆回到顺安米店，向一直代管店务的族叔询问情况。

族叔哽咽着说："时运不济！你走之后，地产开始跌价，你父亲的身体也不好，虽然很多事情都委托给我处理，可是我也不幸得了麻木症，有气无力。至于店务，更是心有余而力不足啊！为了维系生意，只好向印度人借高利贷，债主虽知道我们经济困难，仍天天来讨债，可怎么办啊？"

尽管焦急万分，陈嘉庚仍沉下心来仔细翻看账本，核对账目。他用了几天的时间才基本理清公司的账目，呆账、坏账加上银行的抵押款，父亲的负债竟然高达 20 多万元。这对陈嘉庚来说，简直是晴天霹雳。

破产已成定局，看着父亲消瘦的面容、无助的神情，陈嘉庚在心里做出选择：要为父亲背下所有债务，无论是出于对父亲的孝道，还是对社会的道义。他下定决心，不管需要多少时间，一定为父亲还清这些债务。40 年后，陈嘉庚曾回忆当时的心情："家君一生数十年艰难辛苦，而结果竟遭此不幸，余是以抱恨无穷，立志不计久暂，力能作到者，决代清还以免遗憾也。"

陈杞柏经营数十年的生意虽然失败了，但对陈嘉庚的影响却是深远的。陈嘉庚在顺安米店学习了丰富的商业技能，积累了经营米业和商品销售的实践经验，这些使他之后在商战中能从容不迫、周旋有方。而父亲开拓的广泛的商业网络，也为他的创业之路带来更多的商机。

1903 年底，顺安号关门清盘，陈嘉庚开始了艰辛的替父还债之路，这一年，陈嘉庚 30 岁。

3 替父还债显诚信

为了尽快还清债务，陈嘉庚决定从头做起。

有什么生意可以投入少、周转快呢？这时，桌上摆着的黄梨罐头提醒了他，就是父亲经营过的黄梨罐头加工业！

春天，是万物复苏的季节，总能赋予万物新的生命。

1904 年的春天，"新利川"黄梨罐头厂开张了。"新利川"寓意着"利润新源泉"。为创办新利川，陈嘉庚在新加坡最北端的三巴旺买了一块地，用茅草木料建起了条件简陋的厂房，连机器也是购买的二手货，总投入7000 元。父亲多年诚信经营与热心公益积累的好口碑，加上陈嘉庚勇于扛起父债的好担当，使很多商家都愿意对他施以援手，让他赊账经营。

新利川罐头厂内部

制作黄梨罐头需要的白铁皮、白糖都已经准备好了，4 月黄梨一上市，新利川立刻开工。不久，父亲创办的日新黄梨罐头厂的另一位大股东过世，其家人将股权转让给了陈嘉庚。当时，包括陈嘉庚名下的这两家在内，新加坡尚有二十几家黄梨罐头厂，如何从这么多的竞争对手中脱颖而出呢？他不断思考与尝试，留心观察同行的经营情况，逐渐有了自己的一套生意经。

其一，人弃我取。陈嘉庚发现欧洲市场虽然对新加坡的黄梨罐头青睐有加，但经常提出一些关于包装和形状的特殊要求，其他厂商觉得麻烦不愿意改进。他抓准这一商机，每天上午9点都会与助手分别到洋行探询各国来电订货的内容，将那些有特殊要求但价格较高的订单承接下来，并按照他们的要求不断改善品质。

其二，及时核算。陈嘉庚注意到厂商大多不注意成本核算，采购黄梨按个数计价，质量良莠不齐，而且要到每个季度停工后才计算盈亏。他对这种盲目经营的方法进行了改革，规定购进的黄梨要当天制作成罐头，当晚结算，明确盈亏。

其三，事必躬亲。陈嘉庚不辞辛劳，每天清早及下午都要巡视工厂，指挥生产，确保罐头制作流程规范，以此保证产品质量。

其四，及时销售。陈嘉庚反对囤积产品，他主张产品要尽快售出，以利于资金的周转。

正是由于陈嘉庚敏锐的洞察力、大胆改革的魄力及其对产品质量的高度重视，仅3个月的时间，日夜拼搏生产出的上万箱黄梨罐头让他收获了第一桶金。他用其中的2万元，在顺安米店原址，创立了"谦益"号米店。

未雨绸缪是陈嘉庚一贯的作风。虽然当时新加坡有很多黄梨园，但他仍担心几年后因生产退化而导致黄梨采购困难，于是以2500元在新利川附近购买了500英亩空地种植黄梨，取名"福山园"。

1905年，陈嘉庚创立了第3间黄梨厂，取名"日春"。他留意到生产冰糖投资少，风险小，还可预收一部分定金，便在日春罐头厂内添设了熬制冰糖的车间。当时新加坡还有另外几家冰糖厂，大多采用以木材为燃料的锌锅制糖。陈嘉庚改用内铜外铁的煮锅，以锯木屑为燃料，和黄梨厂共用蒸汽炉，每天可节省数十元。

1906 年初冬，谦益号隔壁的恒美米店另招股东，这是一家制作熟米的工厂。与谦益号生产的生米不同，熟米制作需要先将稻谷在水里浸泡两天后，加热气蒸熟，晒干后用研磨机磨净糠皮。陈嘉庚通过调查得知，这种熟米销往印度，每担价格比生米贵 1 元，利润十分可观。并且熟米对当时流行的"脚气病"有很好的疗效，因此销路也不成问题。于是，他邀请朋友共同入股，仍用"恒美"字号，专营熟米。自他入股以来，熟米价格猛涨，仅 14 个月，恒美号就获利 16 万余元，其中 10 万元为他的净利润，米业也成为他另一个重要的经济来源。

★ 19 世纪末，"脚气病"广泛流行于中国以及东南亚食米国家，原因在于精制的大米缺乏维生素 B1，由此导致下肢麻木疼痛、水肿，严重时侵犯心脏、致人突然死亡。

1907 年，陈嘉庚依靠大米和黄梨生意有了一些积蓄，他立即与父亲的债权人商议，按约定还清债务。压在他心头 4 年的大事，终于圆满解决。陈嘉庚替父还债的行为不但维护了父亲的声誉，也展现了自己诚信的品格，为他在华侨社会赢得了良好的信誉。

4 战火中的商机

陈嘉庚踏实肯干、诚信经营，不但偿还了父亲的债务，也积累了自己的财富。他将创业以来的生意进行了核算，截至1913年，已经拥有8家黄梨罐头厂，分布于马来亚和暹罗（今泰国）。仅新加坡的5家黄梨罐头厂就年产80万箱，占新加坡总产量的一半以上。其资产除家庭开支及慈善义捐的部分外，已经超过百万。

然而，天有不测风云。1914年6月，萨拉热窝一声枪响，点燃了欧洲乃至整个世界的战火，第一次世界大战爆发了。

> ★ 马来亚即英属马来亚（British Malaya），大英帝国殖民地之一，包含了海峡殖民地（1826年成立）、马来联邦（1896年成立）及5个马来属邦。
> ★ 海峡殖民地（Straits Settlements），最初由新加坡、槟城和马六甲三个英属港口组成。
> ★ 马来联邦（Federated Malay States），由半岛上四个接受英国保护的马来王朝所组成，包括雪兰莪、森美兰、霹雳和彭亨，首府为吉隆坡。
> ★ 马来属邦（Unfederated Malay States），是大英帝国于殖民时期在马来半岛的五个马来土邦的总称，包括玻璃市、吉打、吉兰丹、登嘉楼和柔佛。

开战不久后，德国海军计划发动一系列海面攻击，以切断英国遍布全球的海上贸易航线。德国军舰在印度洋上肆意出击，击沉了几十艘商船。随着战事的发展，英国和荷兰纷纷将本国的船只征调回国运送战争物资。东南亚航运秩序被彻底打乱，新加坡码头上的货物堆积如山，茫茫大海中看不见一艘货船。

由于战争缘故，欧洲各国优先进口军用物品，而黄梨罐头等产品被限制进口，各洋行陆续停止采办。此时黄梨季节刚过，陈嘉庚看着眼前的几万箱黄梨罐头，陷入了深深的苦恼。祸不单行，这时他的助手急匆匆地跑进办公室，上气不接下气地说："仓库……仓库里存放的熟米有些已经发霉了，天气潮热，再不运走，这一万多包估计都保不住了！"

青年时期的陈嘉庚

陈嘉庚揉了揉太阳穴，决定再去洋行走一趟。洋行的管事淡漠地挥了挥手："不定了不定了，现在都忙着打仗，谁还吃黄梨罐头！"

陈嘉庚焦急万分："那之前定下的期货呢，总该领走吧？我这资金已经周转不开了，工人们也要吃饭的啊！"

管事不耐烦地说："不是我们不肯接收，你诉苦也没有用，我们还想找人诉苦呢！"顿了顿，他又接着说："德国战舰逃跑还乱放炮，击沉了好多商船，没船运，怎么收货？"

陈嘉庚不死心，继续追问："那定金呢？说好的十分之一的定金总可以给我们吧？"

管事面露难色："咸云银行的汇票和抵押都不通，我们也是没办法啊！"

陈嘉庚失望地走出洋行，罐头厂停工，恒美米厂运转困难，工人的工钱、工厂的经费都还需要支付……思忖良久，他终于抬起头，长呼出一口气，定了定神："再难也要撑下去！"好在到了年末的时候，船运的情况有所好转，黄梨罐头和熟米的存货也基本售完，各厂结算后还有所盈余。

然而，战火未熄，接下来的路该怎么走呢？

达尔文说："幸运喜欢照顾勇敢的人。"

1915 年，随着战事的不断扩大，海运持续紧张。陈嘉庚的各家工厂也来到了危机边缘，举步维艰。

"危机"由两个字组成，一个意味着危险，一个意味着机遇。面对如此困境，陈嘉庚敢于突破自我、迎接挑战，终于寻找到了维持实业的生命线——开拓航运。

1915 年，陈嘉庚租下了载重 1300 吨的"万通"和载重 2500 吨的"万达"两艘轮船，从安南（今越南）、暹罗运载稻谷到新加坡，加工制成熟米，再运到印度销售。由于之前各船局因为稻谷比大米更占空间而不愿承接运载的业务，缺少将熟米运往印度的船只。租用了这两艘船后，陈嘉庚的米厂等各项业务运转十分顺利，既解决了自己的运输问题，也承运了其他的货物。随着市场需求不断扩大，陈嘉庚又从香港的外国公司租入两艘 2000 吨级的轮船，为英国政府承运楠木片到波斯湾。

这一年，黄梨罐头厂几乎没有开工，但是陈嘉庚却发现了另外的商机。为了制作罐头，他之前订购了大量的白铁片，而战争导致铁片原料稀缺，白铁片的价格逐日提高。他将白铁片转售，竟获利 20 多万元，再加上将船只出租的收益，年终净赚 45 万元，可谓是"因祸得福"了。可是，另一个问题出现了，3 艘船租期已满被讨回，另一艘租约也仅剩一年，看来租船并非长久之计。

1916 年，陈嘉庚斥资 30 万元购置载重 3000 吨的轮船，命名为"东丰"。第二年，他又出资 42 万元购买一艘澳洲客轮，载重 3750 吨，命名为"谦泰"，载货兼载客。入冬后，他将这两艘船租给法国政府，运送货物到地中海地区。如此获利更快捷，也更丰厚。

鳌园石刻：开拓航运

　　1918 年，东丰轮和谦泰轮先后在地中海被德国潜艇击沉，好在陈嘉庚未雨绸缪，早早就为轮船购买了英国公司的保险，获得赔款达 120 万元，比原购价还高。从 1915 年到 1918 年，陈嘉庚从航运业及保险赔偿款方面共获利 160 余万元，为他的企业发展提供了重要的资金来源。

　　陈嘉庚敏锐地感知到战争已经临近尾声，而航运业的竞争也日益激烈，于是果断结束了这项因战事而起的经营。但他逐梦海洋的征程却没有就此告终，1920 年他在集美学校开办的水产航海教育成为他航海梦的延续，这是后话了。

5 商海浮沉橡胶王

橡胶原产于巴西，最早是由印第安人发现并开始使用的。他们偶然发现野生橡胶树的伤口处有白色的乳液流出来，因此称这种液体为

"Caoutchouc"。他们将这些白色乳液收集起来，涂在织物、容器等上面，等干燥之后就具有了防水的功能，他们还用这种天然橡胶做成球来游戏。15

世纪末，航海家哥伦布航行至此时，就曾看到过这种橡胶球，但直到1736年，法国才在世界上首次报道了有关橡胶的产地、采集胶乳的方法和橡胶在南美洲的利用情况，使欧洲人开始认识天然橡胶，并进一步研究其利用价值。

1876年，英国人威克姆冒着生命危险从亚马孙的热带雨林中采集了7万多颗三叶橡胶树种子，带回英国皇家植物园种植，有2300多颗种子萌发并长成了橡胶树幼苗。由于橡胶树喜爱温暖高湿的环境，因此这些幼苗被送到英国在亚洲的殖民地——斯里兰卡和马来亚，那里的条件很适合橡胶树的生长。然而当时这里主要种植咖啡树，橡胶树仅被当作观赏植物。

尽管当时的新加坡森工部长兼植物园长李德立（H. N. Ridley）意识到橡胶树将会是拥有巨大经济价值的树种，可是当他一次次向人们推荐种植

时，却没有人愿意信他的话，甚至还送给他一个"疯狂李德立"的绰号，直到他遇到了林文庆。林文庆洞察到橡胶的经济潜力和发展前景，鼓励他的好友、植物学家陈齐贤试种。陈齐贤着手筹备，并到巴西考察，精心培育，不断地总结经验，终于在1896年种植成功。

> ★ 林文庆（1869—1957），福建海澄（今龙海）人。1893—1921年，在新加坡行医并积极传播中国传统文化，致力于新加坡华侨社会和华文教育的改革。"海峡华人三杰"之一，是获得英国维多利亚女皇奖学金赴爱丁堡大学留学的第一位华人，取得内科学士和外科硕士学位，是新加坡著名的医生、企业家、立法委员、社会活动家，厦门大学第二任校长。

时间来到了1906年。

这天，陈嘉庚照旧来到洋行洽谈黄梨业务，偶然听到一旁的人在聊天。

"听说马六甲的陈齐贤把他的胶园卖了，你知道卖了多少钱吗？200万啊！"

"没想到竟然真的让他做成了！十年前那都是人们不看好的东西呢！"

陈嘉庚听到这里停住了脚步，好奇心驱使着他走了过去。

"你们在说的胶园，是橡胶吗？"他急切地问道。好学不厌的他其实早就在报纸上看到过橡胶的相关报道，但处于创业初期，事务繁忙，无暇分心研究。

"对啊，就是橡胶。之前有个叫李德立的人到处劝人来种植橡胶，没人信他的，只有这林文庆和陈齐贤坚信不疑，大获全胜啊！你要不要也试试看？陈齐贤那儿应该还有种子。"

陈嘉庚意识到，橡胶将是未来社会最重要的原料之一。几经周折，他终于找到陈齐贤，并用1800元购买了18万颗橡胶种子。紧接着，他雇佣工人，在福山园黄梨树间，每隔5米套种橡胶。橡胶的生长期一般是六七年，在这期间胶园完全没有收入，只有支出。而黄梨在6个月内就有收成，栽种黄梨可以在短期内产生收益，待橡胶树成熟后，再把黄梨铲除。几年的时间，这里就长成了一片蔚为壮观的橡胶林。

陈嘉庚试种橡胶获得成功后，决心扩大种植业。1909 年，他将福山园扩展至 1000 英亩。随着欧美各国汽车、造船以及航空工业的兴起，橡胶的用途越来越广泛，橡胶工业迅速发展。欧美商人纷纷前往马来半岛碰运气，已经长成胶林的种植园成为抢手货。陈嘉庚看准商机，果断地将胶园以 32 万元出手，净利润 25 万元。

除了拥有胶园之外，陈嘉庚还经营橡胶初级加工。他开设了"谦益栈"作为收购生胶和经营橡胶贸易的机构，在马来亚有 20 家分店，此外还依靠许多华人橡胶经纪人和华人商店，从东南亚各地收购橡胶。

1916 年，陈嘉庚慧眼识珠，提拔、重用精明能干的李光前。李光前精通多种语言，为陈嘉庚带来了很多帮助。陈嘉庚改变了传统的经营手法，不再将橡胶片委托欧商代理专卖，而是突破性地与欧美进行直接买卖。也正是由于李光前为人忠厚、目光远大、办事谨慎稳健，1920 年，陈嘉庚把大女儿陈爱礼嫁给了他。

陈嘉庚说，欧战（即第一次世界大战）像一座矿山。一战期间，他共获利 450 万元，这也使他成长为一位崭露头角的华侨实业家。这些利润大部分用于扩充与改进他的其他业务。战争结束后，他的企业王国规模宏大，业务也走向多元化，包括黄梨罐头业、碾米业、熟米业、橡胶加工业、锯木业及船务等。

面对蓬勃发展的新兴产业，陈嘉庚敏锐地发现了自己的不足，他感到仅对橡胶进行粗加工，只作为西方国家制造业的附庸，为其提供原料，这样的定位制约了自己的发展，于是及时调整战略。1919 年，他对原有企业进行整合，组建陈嘉庚公司。

当时在中国和海外华人当中，橡胶产品制造基本上是一片空白，没有现成的技术可供借鉴。陈嘉庚从零开始踏上工业制造的征途，在工厂设立研究与开发部门，自主研发产品。陈嘉庚的四女婿温开封和三儿子陈博爱都曾经在这个部门工作。他还聘请来自英国、意大利等国家的高级工程技术人员，攻克技术，推动研发。因为重视研发创新，陈嘉庚公司获得了英国殖民政府颁发的很多发明专利，包括轮胎胶底、胶带木屐、防水性胶制饼干盛器等。这些专利使陈嘉庚公司在竞争激烈的市场中获得一席之地。

汽车大王亨利·福特有一条商业原则——自己动手生产所需各项配件，除非可以在其他地方采购到性价比更高的配件。这也是陈嘉庚取得成功的重要因素。1923年，陈嘉庚的生意继续扩张，除汽车轮胎外，还生产各类轮胎、胶帽、

> ＊ 亨利·福特（Henry Ford, 1863—1947），美国企业家，福特汽车公司创始人。1903年创办福特汽车公司，并提出"大规模营销"的思想，其核心是通过大批量生产降低成本，从而以低价获取市场，对美国企业乃至美国经济的发展起了重要推动作用。

胶制玩具、胶球等众多产品。他将自己的产品称为"国货"，并且注册了"钟"牌商标，形象为"钟"里藏"中"，是胸怀中国，也是警钟长鸣。考虑到每年所用商标、广告等印刷品数额巨大，由他人承印不合算，于是他办了一家印刷厂，印刷产品包装纸、标头纸。1929年，这家印刷厂每日可生产2万只包装用纸箱。1923年，他还创办了《南洋商报》，促进自己公司与其他厂商的产品销售。

陈嘉庚在市场推广方面做了大量工作。公司在当地中英文报章和中国的报章刊登了许多广告。中文广告强调公司产品是国货，以国货作为宣传，对于开拓中国市场有很大的作用，对当地许多华侨也是有效的爱国宣传。在英文报章上，广告则更强调支持当地工业。当时马来亚的乡村很穷，学生上学都没有鞋子穿。公司通过政府机构，免费赠送鞋子给乡村的学生。

1920 年，陈嘉庚把涂桥头橡胶厂改建为橡胶熟品制造厂，收购各地运往新加坡的湿胶片，轧制、烟熏加工成熟胶片，再制成轮胎、箱包、鞋帽等产品，销往亚洲各地，甚至欧美各国，完成了橡胶经营从单一的农业垦殖到兼有工业、制造业的飞跃，并开创英国统治新加坡百年来华侨不通过洋行而与外国商家直接贸易的先例，实现产供销一条龙。

1925 年，英国殖民政府限制橡胶生产，胶价飞涨，每担（1 担为 100 斤）由 30 余元升到 200 元，而胶制品也畅销各地。陈嘉庚公司于此时发展至顶峰，拥有 1 间橡胶熟品制造厂，12 间橡胶加工厂，1.5 万英亩橡胶种植园，2 间黄梨厂，他还拥有米厂、木材厂、冰糖厂、饼干厂、皮鞋厂、制药厂、肥皂厂、制砖厂、铸铁厂等。他所组建的销售网络直营分行有 80 多家，分布在新马地区、印尼、缅甸、暹罗、安南、菲律宾、中国等国家和地区；分布在欧洲、亚洲、非洲、澳洲、美洲等区域的代理商有 100 多家。此时陈嘉庚公司所雇佣的员工达 3 万多人，实有资产达叻币 1200 万元。

> ★ 1845—1939 年，新加坡使用由海峡殖民地发行的"叻币"（Straits dollar）作为流通货币。

陈嘉庚作为第一个集橡胶种植、制造和贸易为一体的企业家，被称为"橡胶大王"。

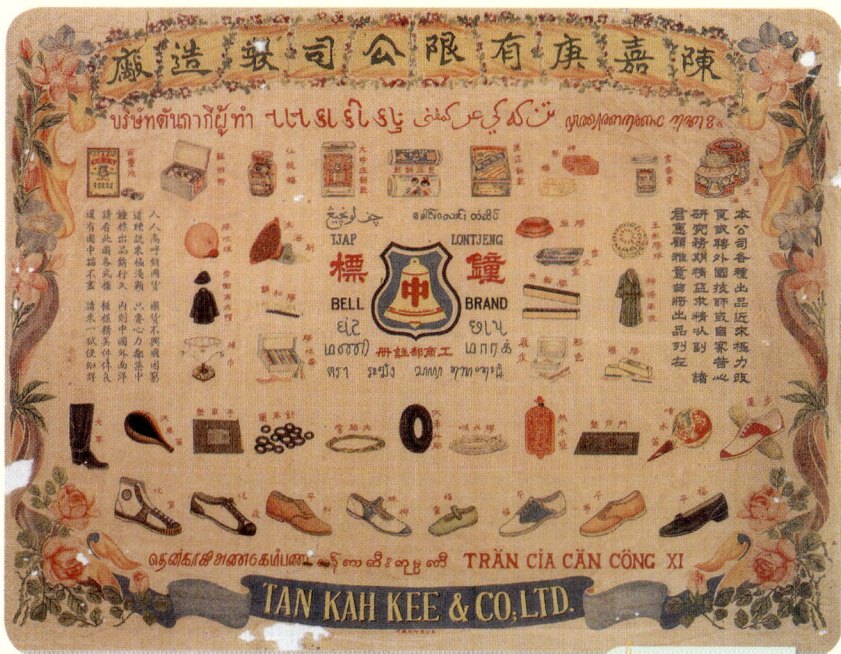

陈嘉庚公司广告

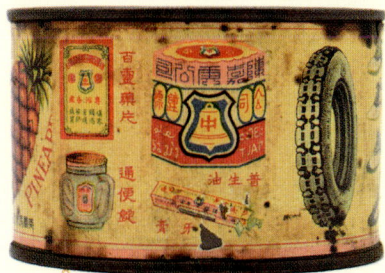

公司巧妙地在菠萝罐头上
为其他产品做广告

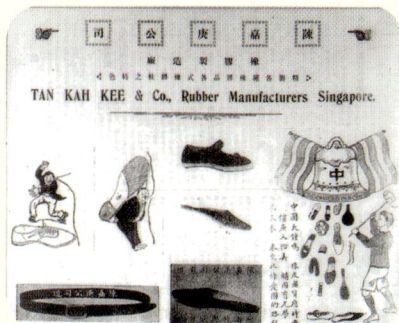

陈嘉庚公司广告

6 集美有了小学校

同安县历史悠久，于五代后唐长兴四年（933年）正式建置，至民国元年，全县划分为3个乡、11个里、27个都、222个保。陈嘉庚的家乡仁德里集美社就位于同安县的最南端，凸伸向海，成一个半岛。

1893年秋天，陈嘉庚按照母亲的意愿返回家乡结婚。妻子是板桥乡秀才张建壬的女儿张宝果。在新加坡生活了几年，让陈嘉庚更深刻地认识到学识的重要性。结婚后，他留在家乡，一面从事渔业，一面跟着一位私塾先生补习中文。

此时的集美令陈嘉庚心痛不已——政府腐败、国弱民贫、闭塞落后、野俗日甚，触目可及的粗鄙与落后。

他看见，十几岁的孩子整天在外成群游戏，其中居然还有没穿衣服的……

他知道，以捕鱼赶海为生的村民民风剽悍，好勇斗狠，常常发生械斗事件……

他清楚，欲改善民风，教育是重中之重……

他决定，自己如力之所及，当以竭力兴学，以尽国民天职。

很快，陈嘉庚就付诸行动。1894年秋天，他出资2000元建起了惕斋学塾。惕斋学塾门前有石刻楹联两副，其正联为"惕厉其躬，谦冲其度；斋庄有敬，宽裕有容。"其副联为"春发其华，秋结其实；行先乎孝，艺裕乎文。"

两副楹联正是他早期办学思想的体现，一方面是为国家、为社会培养人才，一方面是为了提高人们的文化道德修养。学生在学校不但要广泛学习科学文化知识，更要养成良好的道德品质。

时光的沙漏里，细沙流走的是光阴。当年初出茅庐的青葱少年已在商界崭露头角，但兴办教育的宏愿，他一刻都不曾忘记。受辛亥革命鼓舞，陈嘉庚满怀信心地回到集美，想为祖国教育事业尽一份绵薄之力。

民国初年的集美社是由陈姓宗亲构成的村庄，约有2000余人，分为六七房，划地而居。每房各设一间私塾，均有男学生一二十名，女孩不得入学。由于各房之间关系不好，尽管私塾费用不菲，大家也不愿联合办学。深知旧式教育的弊端，陈嘉庚立志要兴办新式教育。

> ★ 宗族，指同一父系的家族（不包括出嫁的女性）。宗族内的人称为宗亲。
> ★ 房族，是近支宗亲、同支宗亲的总称。

023

"不牺牲财无教育可言，民无教育安能立国？"

陈嘉庚召集各房房长开会，面对心思各异、如散沙一样不和的乡亲，他费尽口舌，强调学习知识的重要性，也动员大家为了孩子的未来，消除彼此间的矛盾、停办私塾，并承诺新办小学供全集美社陈姓孩童入学，所有经费由他一人承担。

1913年3月4日，乡立集美两等小学校借集美大社陈氏宗祠及近房祠堂开学，集美社135名学龄儿童全部入学。集美小学设高小1个年级、初小4个年级。虽然已经开学了，但学校要长期办下去，最紧要的是解决师资问题。为此，陈嘉庚奔走各村具寻访良师。然而，他在了解了同安县的教育状况后，不禁疾首蹙额："十几年了，怎么一班毕业生都没有？"

原来在<u>清末学制改革</u>刚开始的时候，同安县开办了一所县立小学校，由县长掌握着学权，县长委派乡绅担任校长，校长招来教员及学生。但是随着县长的调动，全校也随之变动。县长十余年内调动多次，当然也就没有一班学生能够完整地念完小学。

> ★ 1901 年，刘坤一与张之洞上变法三折，提出了新政的三个中心：有才兴学、整顿中法、吸收西法。其中主张进行教育的"有才兴学"放在了首位。

在调查中，陈嘉庚还发现，不仅同安县如此，周围的县也大多如此。小学是这样的情况，乡里的私塾又多数仍和他当年读书时一样断断续续。村里的学龄儿童求学无门，大字不识的文盲比比皆是。

陈嘉庚痛心疾首，他回想起回国时在船上与好友林文庆的交谈，两人对中国教育的落后状况深有同感。他曾谈起当时日本杂志上的统计：英美德法等国家，100 人中不识字的不到 10 人，在日本，100 人中也只有不到 30 人不识字，然而在中国，100 人中，识字的却只有 4 人。

教育尚且如此，良师又何处寻？放眼整个同安县，算上简易师范毕业的在内，教师也才 4 个人。陈嘉庚重金聘请来两位，其中洪绍勋被聘为校长。另外从外地聘来 3 位老师，组成了当时全县各校中最强的教学班子。

师资问题暂时解决了，然而借用祠堂为校舍也非长久之计。集美三面环水，住宅稠密，空地很少。陈嘉庚再次将各房长召集起来商议，他提议把大祠堂对面的"诰驿"后的空地拿出来建校舍，却遭到了众人的一致反对，原因是他们认为这会坏了祖祠的风水。他又提议用另一块空地，然而这里有几座坟墓必须迁走，却被迷信的族亲们再次否决。

　　陈嘉庚只好把目光移向村外，选中村西边的一口半废的大鱼池，这是早年在海滩上筑堤时围成的。他出资 2000 元买下，亲自指挥工人修筑闸门、增高堤岸，在池的四周开挖深沟，用挖出的泥土填池造地，建筑一座前后两进的木质房屋，东边建一护厝，可容纳 7 个班级的学生上课，其余空地修整成操场。1913 年 8 月 30 日，全校师生迁入新址。这就是"填池建校"的故事。

　　集美小学嘹亮的钟声，奏响了陈嘉庚教育救国的宏伟篇章。从此，他怀抱"教育为立国之本，兴学乃国民天职"的信念，倾其资产，费尽心血，创造了私人兴学办学的人间奇迹。

集美小学全体师生在木质校舍前合影（1914 年）

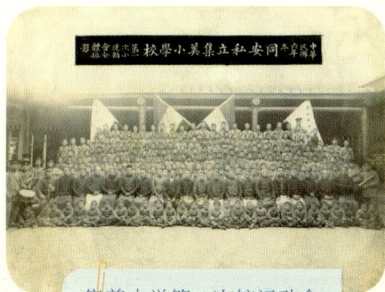

集美小学第一次校运动会全体留影（1917 年）

7 女孩也能上学了

"居今时世，非但男儿当受教育，女子亦当受教育。在浅识之人，多云女子受教育，乃为他姓造福，而不知未嫁之前，能教其弟侄，既嫁之后更能顾爱父母家以及造成女子自身之幸福也。"

——陈嘉庚

"阿爸，为什么哥哥能上学，我不能？"

"你个囡仔上什么学？做好家务，带好弟弟，长大嫁人就行了！"

……

"阿公阿嫲，我想上学……"

"男孩念书就好，女子无才便是德，还要读书做什么？我活了一辈子从来没有听说过。"

……

在那个民智未开的年代，集美社里每天都会传出这样的对话。受男尊女卑的封建观念影响，女孩们很难有上学的机会。她们多数只能在家中料理家务、出外劳作或照顾年幼的弟妹。然而，教育是全民的事情，只有男孩入学不足以改变社会落后的状况。为了让女孩也能读书，陈嘉庚委派弟弟陈敬贤回集美增办女子小学校。

1916 年，<u>陈敬贤</u>与夫人王碧莲一同回到集美。十几年没有回乡了，孩子们对这位穿着体面的青年充满了好奇，悄悄地向大人打听。

"这是你嘉庚伯的亲弟弟，还没你大的时候就下南洋啦，现在可是你嘉庚伯的左膀右臂哩！"

孩子闻言不禁投去羡慕又崇拜的眼神，暗下决心，自己也要去闯出一片天地。

> ★ 陈敬贤（1889—1936），陈嘉庚胞弟，1889 年 1 月出生于集美社，12 岁时跟随陈嘉庚前往新加坡。父亲实业失败后，跟随陈嘉庚开拓经营实业，是陈嘉庚的得力助手。
> ★ 1916 年至 1919 年间，陈敬贤受陈嘉庚的委托，在家乡创办集美女子小学、师范、中学、幼稚园等学校，为集美学校的发展奠定了基础。1919 年陈嘉庚回国办学，年仅 31 岁的陈敬贤在新加坡主持陈嘉庚公司的业务，苦心经营，为集、厦两校的建设和发展提供资金。1923 年，他因病回国治疗，仍不辞劳苦，协理两校校务，前后长达 13 年。因此，两校师生皆称他为"二校主"。

"敬贤回来啦！一看就是在外面挣了大钱啊！"乡亲们不住地赞叹着。

陈敬贤略显腼腆地回答着："我是受家兄的委托，回来买地办学校的。"

一听说要办学校，熙熙攘攘的村民一下就走了大半，留下两夫妻面面相觑。王碧莲的父亲是清朝末年的海军三品武官，她早年受过良好的教育，又跟随陈敬贤下过南洋，见多识广，热心乡社事务。因此当陈嘉庚将筹办女子小学的重任委托于她时，她欣然接受、踌躇满志。

陈敬贤与夫人王碧莲

集美的冬天海风凛冽，可海滩上仍有许多村里的女孩在忙活。王碧莲常去海边，与这些学龄女娃聊天，交朋友，给她们讲村外的生活，讲南洋的趣闻，讲这大千世界的精彩；带她们去看小学校里上课的男孩子，看他们做体操，看校园里的花草树木。知识的力量潜移默化地影响了她们的思想……女娃们也都很喜爱王碧莲，对于她口中的"上学"，没有一个不雀跃欢呼的。

然而，村里的人却不理解王碧莲的所作所为，对她的建议嗤之以鼻，甚至冷嘲热讽。这些难听的话她都听到了，但是她不埋怨，也不生气。她深知要改变这样的状况并非一朝一夕能够做到，依然任劳任怨地做着思想工作。她每天顶着寒风，挨家挨户苦口婆心地劝说，有时为了让一个女孩上学，要说服家中的三代人。

除了观念问题，还有经济问题。这里的村民多数以讨海为生，大多数女孩以剖海蛎、拾柴火等劳动减轻家中负担。为此，陈敬贤与陈嘉庚商议后，承诺女孩上学不但免收学费，每个月还可领到两三个银圆补贴家用。就这样招来了 65 名女学生。

冬去春来，迎春花含苞待放。1917 年 2 月，集美女子小学借向西书房（今厦门市集美区大社路 113 号）开学了，这是福建乡村第一所女子学校。

女子初级中学师生在敦书楼、文学楼前操场做操（1927 年）

学校校长由当时的集美小学校长洪应祥兼任，聘请女教师4位，后又陆续聘请几位专职教员，初期只设初等两班。1921年2月，女子师范开学，后改为女子初级中学，招收女子师范讲习科和预科，使集美女子教育进一步与男子教育同步发展。

女学的开办逐渐改变了乡民固有的男尊女卑的观念，提高了妇女的地位。这些女孩的命运也因此而改变，她们的人生有了更多的可能。

后来，一位曾就读于集美女子小学的女生这样说：

"望将来出来服务社会，想把黑暗社会，改造改造。我相信我们，是这村女子改革的先锋。"

女师范部童子军成立纪念
（1925年）

8 办师范　育良师

"学校之中尤以师范学校为主要。师范学校为人民教师所自出，一个良好教师可以影响千百个学生，转移社会风气的潜力完全在此。"

——陈嘉庚

集美男女小学都风风火火地办了起来，但摆在大家眼前的还有一个重要的问题：老师去哪找？

1913 年，陈嘉庚曾到福建省唯一培养小学师资的省立师范学校考察。这所学校已开办十余年，在校学生 300 余名，每年只收 80 名学生。学校经费充裕，但招收的多是当地官宦和富家子弟，少有闽南学生。他们几乎都没有从事教育的志向，多数只为了混一张文凭。因此尽管毕业生不少，真正当老师的却不多。

陈嘉庚拜访福建省教育厅厅长时谈到面临的困境，谁能想到，那位厅长竟不以为然地说：

"我们省师范学校的毕业生啊，那么多都没有地方可安插哩，哪里是'师资缺乏'，明明就是'师资过多'哟！"

陈嘉庚十分失望，不禁愤慨："因此一人，乃误福建三千万人民，岂不可哀？"

没有老师，就自己培养。 陈嘉庚决心要自己办一所师范学校，招收闽南出身贫寒且对教育感兴趣的孩子。为防止出现类似省立师范的情况，他决定对招生制度进行改革，要求每个师范生毕业后都要当老师。他特地从新加坡致函闽南30余县教育行政机构的负责人，要求代为招收有志从事小学教育的贫寒学生。学生到校后加以复试，凡违背规章或不及格者绝不录取。

1916年10月，陈敬贤按照与陈嘉庚商定的计划着手筹办师范。他不辞辛劳，集中主要精力扩建校舍并聘请教师。

当时，校舍用地仍是一大难题。陈敬贤说服乡民，克服了风水迷信等障碍，凡是学校所需要的用地，都以高价收购，对坟墓还酌情另加迁移费。他在回国前因商务繁杂积劳成疾，患咯血症。但为了筹办学校，他不顾身体羸弱，每天清晨5点就起床，巡视工地，监督施工。

为聘到良师，1917年5月，陈敬贤亲往江西、浙江、江苏、安徽、山东、河北、湖北7省考察教育。年底，首任校长王绩（江苏人）和教职员陆续到校，师资暂时得到解决。

1918年3月10日，集美学校师范、中学两部顺利开学。招收了来自闽南、闽西和广东潮州、梅县一带的贫寒子弟以及南洋侨生196名，师范生3班，中学生2班。学校规定师范生全部免费，中学生免收学费和住宿费，只交伙食费。学校每年还发给每位学生两套制服，春季是灰色棉布的，冬季是黑色粗呢的。

为了供给学生被子、蚊帐和制服，王碧莲发动集美社的妇女们做缝纫活，大家干劲十足，日夜劳作。

然而，学校成立伊始就遇到了很大的困难。校长王绩带来的教师多不合格，在处理校务上也多有欠妥，幸亏聘约只是试用半年，到1918年7月，王绩和他带来的教职员就离校了。

集美师范学校全体师生
（1918年）

不得已，陈敬贤再往上海选聘校长。1918年9月，第二任校长侯鸿鉴（江苏人）和由他代聘的教职员到校。秋季开学后数月，侯校长提出因仓促托人聘请教员，缺点较多，想在过年的时候回上海选聘。但陈嘉庚认为此举不妥，教师选聘和在市场买东西不同，需要充分的时间考察。果不其然，侯校长年假结束回来，表示教师难觅，并通知学校他将于暑假时辞职。

为了尽早聘请到合适的校长，陈嘉庚委托黄炎培代聘，又致函北京高等师范学校校长。直到1919年8月底开课时，黄炎培帮助聘请了一位新校长池尚同（浙江人、北京高等师范学校教育主任）及5位教师。池校长在任期间并未有何突出表现，陈嘉庚为此十分担忧学校前途，又恐怕学校开学未到两年竟三次更换校长带来负面的影响，于是隐忍不作声。直到第二年夏天，池校长因与同事发生争执，主动辞职。

陈嘉庚总结了"三易校长"的教训，发觉从外省聘来校长并不合

★ 黄炎培（1878—1965），中国民主革命家、教育家。1905年参加同盟会，辛亥革命后任江苏省教育司司长、省教育会副会长。1917年在上海发起成立中华职业教育社，任理事长。1918年创办中华职业学校。1945年7月访问延安，同年发起成立中国民主建国会。1949年参与筹备并出席全国政协第一届全体会议，后任中央人民政府委员、政务院副总理兼轻工业部部长、第一至三届全国人大常委会副委员长、第二至第四届全国政协副主席、民建中央主任委员。

理：教师不愿背井离乡，即便有愿意的人，也多数不到期满就回乡了。于是，他决定不再向外省求聘校长。

1920 年 4 月，陈嘉庚经思明县教育局局长黄琬介绍认识了北京大学经济系毕业的安溪人 叶渊，便邀请他到集美学校一游。厦门岛和集美之间没有陆地连接，当时也还没有搭建桥梁，往来只能乘船。参观结束，陈嘉庚亲自送叶渊回厦门岛。两人在汽船上促膝谈心，陈嘉庚对叶渊的才识倍加赏识。回来后，陈嘉庚立即写信劝他接管集美学校。叶渊本有志于银行业，最终被陈嘉庚的诚意与抱负所打动，应允了。得遇如此良才，陈嘉庚欣喜万分。

★　叶渊（1889—1952），又名叶采真，1917 年毕业于国立北京大学经济系。接任集美学校校长后，首先把北京大学"学术自由"的办学机制引进集美学校，并于 1923 年亲自到北京、上海等地延聘大批经过"五四"运动洗礼的名师来校任教。

1920 年 5 月 14 日，陈嘉庚亲立聘书，聘任叶渊为集美师范、中学、商业、水产各校校长，兼任附属两等小学校长。7 月，叶渊到校任职，集美各校从此走上正轨。从 1920 年到 1934 年，叶渊全面负责集美各校校务，为集美学校的发展做出了突出贡献。

集美幼稚师范学生活动

专　业	名　录
国学家	钱穆
哲学家	吴康
文学家	吴文祺、许钦文、王鲁彦、杨晦、龙榆生、苏眇公、潘训、汪静之、方玮德、白采、张世禄、包树棠
教育家	朱智贤、罗延光、沈亦珍、林连玉
历史学家	王伯祥、韩国磐
人类学家	庄为玑
数学家	欧阳琦、吴逸民
地理学家	盛叙功
生物学家	伍献文
化学家	邓从豪、黄开诚
医学家	李景昀
农学家	章文才、庄纾、陈橡
林业专家	叶道渊、殷良弼、彭家元
体育教育家	吴振西、庄文潮、吴德懋、林绍洲
水产教育家	黄文沣、沈汉祥
英语教学专家	陈大弼、许玛琳
经济学家	陈庆瑜、林子力
音乐作曲家	曾雨音
画家	郭应麟、张振铎、张书旂、黄羲、李硕卿、王仲谋、朱成淦

9 办航校 争海权

陈嘉庚出生在闽海之滨，从小就对大海充满了感情。清朝末年"门户洞开，强邻环伺"，而祖国既无海防又无现代水产航海事业。这屈辱的状况深深地刺痛着他。

陈嘉庚客居海外几十年，对资本主义世界的物质文明有较深的了解。第一次世界大战时，他坚定地进军航海业，更认识到航海事业对各国经济发展的重要性。考虑到中国航运业的落后，再结合福建省的地理情况，他发出"造就渔业航业中坚人才，以此内利民生，外振国权"的宏愿，准备开办水产及航海学校。

创办水产航海教育相当不易，当时全国仅有邮传部上海高等实业学堂于 1909 年开办的船政科（上海海事大学前身）及张謇与黄炎培于 1912 年创办的江苏省立水产学校（上海海洋大学前身）。欲办学校，师资先行。1917 年，陈嘉庚委托江苏省立水产学校代为聘请教师。学校回信说，国内找不到水产教师，只有冯立民、张柱尊、侯朝海 3 位即将毕业的高才生。陈嘉庚承诺资助他们前往日本东京水产讲习所（东京海洋大学前身）留学，并约定他们学成之后到集美学校任职。

1919 年 9 月，冯立民从日本留学回来便应聘到集美，他立即着手调查泉漳沿海一带和台湾的渔业航运状况，并参与筹办水产科。张柱尊、侯朝海随后也来到集美任教，成为了骨干教师。1920年2月，集美学校水产科正式开学，招收学生45名，学制4年。

海上工作环境艰苦，并且有一定危险性。为了鼓励学生报考，陈嘉庚特地规定水产科学生与师范生同等待遇，学费、伙食费、住宿费全免，而且学生所需被席蚊帐也一概由学校供给，还发放了统一的制服。

"知识与技能并重"是集美学校一贯的办学理念。水产科所学的课程有：英文、日文、国文、公民学、数学、物理、化学、博物学（包括动物学、植物学）、地文学、生产学通论、气象学、海洋学、机械学、操船术、航海术、造船学、渔捞论、图画、簿记、卫生、法制经济等二十几门。实习课程分为制图实习、渔具实习、机械实习、驾驶实习、渔捞实习等5种。

为满足特殊的教学需要，全面培养学生的技能，陈嘉庚不惜花重金购置充足的教学设备。

——1922年，从英国购买渔船机器，由本校教师张君一设计，雇请船匠建造了一艘载重31吨的实习船，耗资2万元，1924年造成下水，定名"集美第一"。

——1926年，耗资5.8万元从法国购进一艘渔轮，可载重274吨，定名"集美第二"，为当时全国唯一的铁壳拖网渔轮。

——建造或委托建造了4艘端艇，作为学生操艇练习和采集海上标本用船。其中三艘分别命名为"郑和号""祖逖号""海鸥号"。

除各种实习船外，学校还配备了先进的航海仪器、海洋仪器、制图仪器、渔具及模型标本等1000余件。

由于坚持理论与实践紧密结合的严格训练，集美学校培养了一批又一批水产、航海人才，在全国享有盛誉。

1937年7月，抗日战争全面爆发，沿海城市相继沦陷，全国仅有的几所航海学校几近停办。9月3日，日本飞机、军舰轰炸、炮击厦门，胡里山炮台的克虏伯大炮重创入侵的日舰。10月26日，日本海军陆战队强行登陆金门，与金门一水之隔的厦门成为东南沿海的最前线，集美学校处在极端的危险之中。

为保存中华民族教育精华免遭毁灭，更为了祖国的未来，国民政府通令沿海危险地区中等以上学校迁徙到安全地带继续办学。新上任的校董陈村牧经请示陈嘉庚同意后，毅然肩起领导学校内迁办学的重任，先后将集美师范、中学、水产航海、商业、农林各校迁往安

037

溪办学。学校迁移路途遥远，大量的设备、图书、生活用具多靠师生肩挑手扛。集美师生克服万难，大家背着行囊、唱着抗战歌曲、翻山越岭、艰苦跋涉，创造了全体师生零伤亡，十万册图书、千余件教学设备零损失的奇迹。

1938年，集美学校再辟校区，水产航海、商业、农林各校迁入到大田县。大田县位于福建省中部，戴云山脉西侧，远离局势动乱的沿海城市。然而这个相对宁静的小山城，也没有躲过日军的空袭。飞机在城区上空盘旋，瞄准学校的临时校舍俯冲、扫射、轰炸。幸好师生及时疏散到了早已预备好的防空洞内，才没有出现伤亡。

安全没有了保障，水产航海学校的师生不得不疏散到离城三里的仙亭山，把深山老林当作"森林课堂"，教学水产航海知识。大海是那么遥远，训练几乎不能进行，师生们群策群力，创造奇迹。高台跳水必须有足够的水

> ★ 陈维风，水产航海学校第二组校友。1940 年，已在广东水产学校任教导主任的陈维风应母校之召，放弃优厚待遇，从广东挑着一头行李、一头幼女的担子，艰难徒步跋涉十多天，才到达大田，接过集美高级水产航海学校校长的重任。

深，陈维风校长带领学生在均溪"塔兜滩"水深流缓处深挖 5 米。水深够了，再造一个高台，开展高台跳水和游泳训练，此为山城前所未见。

内迁 8 年，以陈村牧为首的校董会带领全校师生精诚团结，克服校舍、师资、经费等重重困难，不屈不挠，艰苦支撑，弦歌不辍。8 年间，水产航海学校在大田"第二集美学村"坚持高水准办学，为国家培养出 300 多位高素质的航海英才，他们中的很多人成为战后国内各航运公司的骨干和万吨远洋轮船的船长，避免了我国航海人才的断层。

1945 年，学校复员集美，修复校舍，医治战争创伤，励精图治。中华人民共和国成立后，集美航海教育迎来新生，规模和办学层次显著提升，奠定了共和国航运事业发展的基石。沐浴着改革开放的东风，集美航海教育迈上新台阶，学校的发展进入崭新的阶段，赢得"航海家的摇篮"的美誉。

链接：全国首创海童子军

1923 年 5 月 9 日，集美学校海童子军正式成立，这是全国最早成立的海童子军。创办海童子军是为了结合专业，进行海事方面的训练，增进学生海上智能，培养义勇精神，练就健全体格，以保卫海权，报效祖国。

海童子军隶属于集美学校童子军部，刚成立时，由水产科各组学生志愿加入，共有队员五十六人，组织为一个团，分为鲸、鲷、鲤三队。

海童子军海上训练

★ 海童子军的入队誓言
我诚心立愿永世不忘：
（一）尽国民之责任
（二）随时随地扶助他人
（三）遵守海童子军规律

　　1925年6月2日，水产航海部第二组海童子军驾驶"集美第一"，由集美出发，经台湾海峡，6月5日抵达舟山群岛，在大雾迷蒙中安全驶入港内停泊。水警巡舰上船巡查，舰长对集美第一号"以片舟渡重洋"赞叹不止。7日下午，船驶入黄浦江，停泊在吴淞，9日下午沿黄浦江继续上行。同学们穿着整齐的制服，遇到各国军舰都升旗致礼，江中往来的船舶无不啧啧称奇。10日，江苏省教育会、上海县教育局、江苏童子军联合会、上海救火联合会、南市保卫团、上海童子军联合会、上海公共体育场、东亚体育专门学校、两江女子体育学院、华东体育专门学校等11个团体，联合在上海公共体育场召开欢迎会，600余人参会。会上，大家对海童子军轻舟远航大加赞赏，深表钦慕。

　　10月24日，"集美第一"按原定实习计划完成航海与渔捞等实习后，由上海启程返厦，此次航线达2000里。集美学校师生独立驾驶进行长途航海实习，既是对办学成效的检验，也是对海童子军训练的总检阅。

10 永久和平学村

闽海之滨，有我集美乡；

山明兮水秀，胜地冠南疆。

天然位置，惟序与黉，

英才乐育，蔚为国光。

全国士聚一堂，师中实小共提倡。

春风吹和煦，桃李尽成行。

树人需百年，美哉教泽长。

"诚毅"二字中心藏，

大家勿忘，大家勿忘！

　　生长在集美这片土地上的孩子们，对这首歌一定不陌生。这是集美学校的校歌，那歌声像和煦的春风，吹拂着集美学村，滋养了一代又一代莘莘学子，成为凝聚师生、校友力量的重要媒介。

　　"'诚毅'二字中心藏"，这"诚毅"就是由校主陈嘉庚与二校主陈敬贤制定的校训，1918 年 3 月 10 日，在集美师范、中学的开学典礼上向全校公布。陈嘉庚曾把校训展述为"诚信果毅"。其中，"诚"是做人的道理，"毅"则是做事的道理。

"诚毅"校训木匾

"诚以为国，实事求是，大公无私；毅以处事，百折不挠，努力奋斗。"

醒目的校训、激昂的校歌，深植在集美师生的心中，规范着师生的言行。时光飞逝，未曾稍忘。

短短几年的时间，陈嘉庚与陈敬贤兄弟二人齐心合力，在集美开展建设，至1923年9月，已经办起幼稚园、男女小学、男女师范、中学、水产、商业各部。校园内外氛围热烈而祥和。然而，军阀的枪声打破了这温馨的气氛。

1923年9月3日，集美学校中学部八组侨生李文华、李凤阁乘帆船从集美到厦门岛，行至高崎大石湖附近，遭到闽军士兵枪击，两人一死一伤。

事件的起因要从军阀割据说起⋯⋯

辛亥革命爆发后，革命党在南京建立临时政府，各省代表推举孙中山为临时大总统，1912年元月，中华民国正式宣告成立。然而，辛亥革命的果实却被袁世凯窃取。他率领北洋军阀，在帝国主义和国内反动势力的支持下，于1913年10月6日出任中华民国总统。

1915年，袁世凯公然废除共和制，恢复帝制，自称皇帝，准备成立"中华帝国"。此举遭到各方势力抵制，引发护国战争，他被迫于1916年3月22日宣布取消帝制。1916年6月6日，袁世凯病故，北洋政府分崩离析，分化为以冯国璋为首的直系、以段祺瑞为首的皖系和以张作霖为首的奉系。各系军阀为争夺地盘和权利，连年征战，中国陷入四分五裂的军阀割据和混战之中。

1923年8月，皖系军阀臧致平部的闽军驻守厦门高崎、大石湖、牛家村，粤系将领陈炯明部的粤军驻守海澄的鳌冠、排头，福建陆军第一师张毅部驻守集美。闽军、粤军隔海对峙，开枪互击，流弹横飞。

李文华正是被这流弹击中。事发突然，情节恶劣。经集美学校严重交涉，臧致平才答应惩办肇事士兵，发给李文华家属丧葬费500元，致电慰问，并派代表前去祭奠。

惨案激起师生极大愤慨。为保障师生安全，校长叶渊在陈嘉庚函准下，广泛征集社会各界联名支持，缮具请愿书及各种文件，派代表分别向南北军政当局请愿承认划集美为和平村。

> ★　请求"承认集美学村"公约
> 一、公认集美学校设立地为学村；
> 二、集美学村范围，北以天马山为界，南尽海，东及延平故垒和鳌头宫，西抵岑头社和龙王宫；
> 三、学村范围内，不许军队屯驻、毁击及作战；
> 四、有破坏前项规定者，即为吾人公敌，当与众共弃之。

这一倡议、请愿，获得全国各有关军政当局、大学、报社、社会名流等的赞同、支持和承认。陈炯明发来电文："陈嘉庚倾家办学，为吾国第一人，所办集美学校，规模宏伟，夙所钦佩，尤当竭力护持。"

孙中山大元帅大本营内政部于 10 月 20 日批复叶渊呈文，并致电福建、广东两省省长，请令两省统兵长官，"对于该校务宜特别保护，倘有战事，幸勿扰及该校，俾免辍废，则莘莘学子，永享和平之利矣"。"集美学村"就此得名。

★ 民国十二年（1923 年），孙中山在广东任中华民国军政府陆海军大元帅，于 3 月 2 日组成陆海军大元帅大本营。大本营设外交、内政、财政、建设四部，法制、审计二局，并有参谋长、秘书长、参军长等幕僚，另有大理院、总检察厅。

时间静静地流淌，陈嘉庚办学的脚步未曾停歇。

随着陈嘉庚在南洋的实业不断发展，集美学校的办学规模也日益扩大，师生人数持续增加。他对校园建设有着宏大的规划和设想，特聘新加坡的设计师和承建商负责设计与施工，亲自主持或委托陈敬贤广泛收购办学用地，重金兴建各式校舍和公用设施，创造了一段校舍建筑黄金期。

从 1913 年至 1933 年，集美学校建校舍与设施建筑共 53 座，除各类教学楼，还有图书馆、科学馆、美术室、手工教室、音乐室、医院、电灯厂等各类教学、实习实践、生活必需的配套设施，奠定了集美学校的发展格局。错落有致、连体成片的或中西合璧或西式风格的校舍蔚为壮观，改变了往日的渔村景象。

至 1927 年 3 月，集美学村共有 11 所学校，包括小学、女子小学、师范、女子师范、中学、女子中学、幼稚园、水产航海、商业、农林、国学专门学校等，形成了从幼稚园、小学、中学到专科，普通教育与职业教育并重、男女学兼备的完整教育体系。学校本着"三育并重，以德为先"的办学宗旨，重视教学质量，培养全面发展人才，被誉为"闽南教育之中心""东南文化之中枢"。

三立楼（立功楼、立德楼、立言楼分别于 1918 年 5 月，1920 年 2 月和 7 月落成，为师范、中学校舍）

约礼楼（1920 年 11 月落成，为中学校舍）

明良楼（1921 年 6 月落成，部分作为商科校舍）

延平楼（1922 年 9 月落成，男子小学迁入使用）

务本楼及瞭望台（1925年12月落成，为农林部校舍）

葆真楼（1926年9月落成，幼稚园迁入使用）

* 1926年9月，葆真楼落成，幼稚园迁入使用。这座欧式校舍在当时被称为"全国幼稚教育之第一建筑物"。1927年9月，幼稚师范开办后，与幼稚园共用葆真楼办学。

电灯厂（1918年5月落成）

集美医院集贤楼（1920年9月落成）

图书馆博文楼（1920年11月落成）

手工教室（1921年2月落成）

科学馆（1922年9月落成）

音乐室（1925年2月落成）

厕所（20世纪20年代落成）

美术馆（1931年12月落成）

寓意深刻的嘉庚建筑楼名（部分）

楼 名	出 处
三立楼	《左传·襄公二十四年》："太上有立德，其次有立功，其次有立言，虽久不废，此之谓不朽。"
尚勇楼	《礼记·中庸》："智、仁、勇，三者天下之达德也。"
居仁楼	《孟子·尽心上》："居仁由义，大人之事备矣。"
瀹智楼	《〈天演论〉序》："今议者谓西人之学，多吾所未闻；欲瀹民智，莫善于译书。"
博文楼 约礼楼	《论语·雍也》："君子博学于文，约之以礼，亦可以弗畔矣夫。"
尚忠楼	《论语·里仁》："夫子之道，忠恕而已也。"
诵诗楼	《论语·季氏》："不学《诗》，无以言。"
文学楼	《论语·先进》："文学，子游、子夏。"
敦书楼	《左传·僖公二十七年》："说礼乐而敦《诗》《书》。"
即温楼	《论语·子张》："君子有三变，望之俨然，即之也温，听其言也厉。"
明良楼	诸葛亮《便宜十六策·考黜》："明良上下，企及国理。"
允恭楼	《尚书·尧典》："帝尧……允恭克让，光被四表，格于上下。"
崇俭楼	《礼记·表记》："恭近礼，俭近仁。"
克让楼	《论语·学而》："夫子温良恭俭让以得之。"
务本楼	《汉书·文帝纪》："农，天下之大本也，民所恃以生也。而民或不务本而事末，故生不遂。"
敦业楼	《栾城集》："尔往讲习道艺，长育才干，敦业以待举。"
八音楼	《尚书·尧典》："八音克谐，无相伦夺。神人以和。"

续表	楼 名	出 处
	肃雍楼	《诗·周颂·有瞽》："喤喤厥声，肃雍和鸣，先祖是听。"
	葆真堂	《庄子·田子方》："……人貌而天，虚缘而葆真，清而容物。"
	养正楼	《易·蒙》有"蒙以养正，圣功也。"
	熙春楼	《闲居赋》有"凛秋暑退，熙春寒往"。
	群乐楼	古人会友，素笺邀之或遣之传之，三五成群、把酒言欢、琴棋书画、不亦乐乎。
	南薰楼	《孔子家语·辩乐解》："南风之薰兮，可以解吾民之愠兮，南风之时兮，可以阜吾民之财兮。"
	道南楼	《论语·先进》："子曰：吾门有偃，吾道其南。"
	延平楼	《从征实录》记载，南明永历七年（1653 年）永历帝封郑成功为延平王。
	群贤楼	《荀子·非十二子》："壹统类，而群天下之英杰。"东晋王羲之《兰亭集序》："群贤毕至、少长咸集。"
	囊萤楼	《晋书·车胤传》："博学多通，家贫不常得油，夏月则练囊盛数十萤火以照书，以夜继日焉。"
	映雪楼	明廖用贤《尚友录》："孙康，晋京兆人，性敏好学，家贫无油，尝于冬月映雪读书。"

11 断发辫入同盟会

1906年4月的一天夜里，月朗星稀，徐徐的春风吹过，卷起铺陈满地的紫花风铃。在新加坡晚晴园二楼的一间房中，两人对坐，眉心紧蹙。他们紧紧地盯着眼前墨迹将干的纸张，忽而动笔勾勾画画，忽而毁掉重写一张。好一会儿工夫，才终于舒展了眉头，露出欣慰的笑容。

049

★ 晚晴园原名明珍庐，位于新加坡大人路12号。1905年，由张永福及其五弟买下，原本为其母亲颐养天年之用，因此借用唐代著名诗人李商隐诗句"夕阳伶芳草，人间爱晚晴"中的"晚晴"二字。后供同盟会南洋支部使用，现为孙中山南洋纪念馆，保存了孙中山在新加坡时的许多重要史料。

这二人就是孙中山与李竹痴。拿着终于修改好的盟书，他们将张永福、陈楚楠也召集进屋。孙中山先行起立，举起右手，以最庄严的态度，在大家面前宣誓：

"联盟人广东省香山县孙文，当天发誓：驱除鞑虏，恢复中华，创立民国，平均地权。矢信矢志，有始有卒，如渝此盟，任众处罚。"

几人看着孙中山宣读完誓词，内心澎湃，也将盟书缮抄，依次宣誓，如此加入"联盟"。

孙中山语气坚定地说："我这同盟会的组织，是希望发展得很大很大的。我们的责任，当然是牺牲，但是牺牲到什么程度，我们总不能预说。设使牺牲到二个人存在，亦是算同盟会存在的一日。"

何等悲壮的一席话，几人听了都热血沸腾，感极而泣！

同盟会新加坡分会就这样成立了，陈楚楠、张永福为正副会长，林义顺为外交主任。南洋华侨的革命势力逐步发展，晚晴园也一度成为推翻清政府的重要革命基地。

新加坡晚晴园。1919 年，在林文庆的介绍下，陈嘉庚在晚晴园与孙中山相识。（图片由晚晴园—孙中山南洋纪念馆提供）

林义顺是陈嘉庚的好友，经常与陈嘉庚叙谈，他向陈嘉庚介绍孙中山为挽救中华民族不畏艰险的事迹。其实，陈嘉庚早就对清政府的腐败无能不满，他敬佩孙中山的革命精神，对其提出的三民主义心向往之。

1910 年，陈嘉庚正式加入了中国同盟会。他按捺不住内心的激动，挥起剪刀，咔嚓一声，伴随着象征清朝臣民的发辫应声落地，也宣告了陈嘉庚与腐朽的清政府决裂。

1911 年夏天，湖南、湖北、广东、四川等省爆发保路运动。9 月 25 日，四川省荣县独立，成为全国第一个脱离清王朝的政权。10 月 10 日晚，新军工程第八营的革命党人打响了武昌起义的第一枪。随后起义军掌控武汉三镇，湖北军政府成立。

武昌起义胜利后短短两个月内，湖南、广东等 15 个省纷纷脱离清政府宣布独立。11 月 9 日，福州光复，福建成立了新政府。消息迅速传到新加坡，福建华侨奔走相告，一片欢腾。他们聚集在天福宫福建会馆，商议筹款救助支援福建革命政府、维持福建治安。11月13日，陈嘉庚与陈楚楠等福建籍同盟会会员在天福宫召开闽侨大会，胜利的喜悦让陈嘉庚容光焕发。在大会上，他欣然接受了大家的推举，担任福建保安捐款委员会（简称"福建保安捐"）主席的职务，并当场募捐2万元。此后的一个多月，在他的积极筹募下，福建保安捐又陆续筹集并汇回20余万元，这对稳定库空如洗、人心浮动的福建新政权起到了很大的作用。

这年的12月15日，孙中山从法国返回上海准备筹组新政府，途经新加坡。在码头，他再次与陈嘉庚相会。这两人，一位是毕生致力于国民革命的领袖，一位是热心社会公益的爱国华侨，他们紧紧地握住对方的手，爽朗的笑声传遍码头。陈嘉庚看到身为领袖的孙中山竟然坐的是二等舱，心中感慨万千，关切之情溢于言表。孙中山也不回避，率直地问陈嘉庚，如果回国需要资金，可否相助？陈嘉庚干脆地答应，只要接到来信就汇5万元支持。孙中山回国后，被推选为中华民国临时大总统，准备从上海往南京就职。12月29日，他向陈嘉庚发来电报，称急需用款，陈嘉庚应约如数汇出。

几十年后，当年的革命伙伴业已与世长辞。1956年11月11日，陈嘉庚出席了在集美福南堂举办的纪念孙中山先生九十周年诞辰大会。会上，他深情地回忆与孙中山交往的点点滴滴，他说："孙中山把毕生几十年的精力贡献给了革命，他的艰苦奋斗的精神很伟大，现在，他的遗志在中国共产党和毛主席的领导下实现了。"

短暂的交往，陈嘉庚与孙中山建立了深厚的革命情谊，孙中山的思想深深影响着他。

12 厦门大学诞生了

"还我青岛！""拒绝合约签字！""反对强权政治！"数千名大学生高举着大幅标语，步伐整齐，情绪高昂地向天安门进发。他们代表着北京的十余所学院和大学，也代表着不愿屈服的中国人。

他们站在天安门前宣讲，他们挥舞着标语游行，他们不断分发着《北京全体学生宣言》，高呼着：

"中国存亡，就在此举了！"

"中国的土地可以征服，不可以断送！"

"中国的人民可以杀戮，不可以低头！"

"国亡了，同胞们，起来啊！"

这一幅幅慷慨激昂的画面定格在陈嘉庚手中的报纸上，瞬间，他热泪盈眶。他深知列强对地大物博的中国虎视眈眈，如不奋起直追，难逃天演淘汰的命运。他更清楚，无论是启迪民智、提倡生产、改革政治，还是抵抗外国侵略，都有赖于教育。然而福建省人口超过千万，却没有一所中国人自己办的大学。

陈嘉庚定定地看着报纸上那些热血的青年、那些醒目的标语，眼神愈发坚毅。他紧紧地攥了攥拳头，随后摊开纸笔。未几，一张筹办厦门大学的通告跃然纸上。

"专制之积弊未除，共和之建设未备，国民之教育未通，地方之实业未兴，此四者欲望其各臻完善，非有高等教育专门知识，不足以躐等而达……"

"五四"运动的热潮席卷全国，事业蒸蒸日上的陈嘉庚也正是在这一时期从新加坡回到了家乡，"民主"与"科学"的口号给了他无限的力量。他信心百倍，踌躇满志，迫不及待要去实现深藏于心底的宏愿——创办厦门大学。

然而，创办大学并不是件容易的事情，最首要的问题：校址应该选在哪儿好呢？

陈嘉庚跑遍了整个厦门岛，反复勘查，最终锁定了一处理想中的校址，位于厦门城南 6 里处的演武场。那时的演武场是厦门最南端一处荒芜偏僻的海角之地，郑成功曾在这里屯兵训练。鸦片战争后，演武场又成为清军的布防重地，后来变成了一片荒凉的墓地。

这天，陈嘉庚邀请众人一起去考察，他们坐船从集美出发到厦门港沙坡尾上岸。占地 200 余亩的演武场，"下系沙质，雨季不湿，平坦坚实，细草如毡"，是建造校园的理想场所。站在五老峰上，眺望眼前的空地与大海，他的心中一片开阔。

"计西自许家村，东至胡里山炮台，北至五老山，南至海边，统计面积约二千余亩，大都为不毛之公共山地，概当归入厦大校界。"陈嘉庚抬手指向远方，厦大的校园蓝图似乎已经浮现眼前了。

"就是这里了！"选定了校址，对于建校一事，陈嘉庚的把握又增一成。

"民心不死，国脉尚存，以四万万之民族，决无甘居人下之理。今日不达，尚有子孙，如精卫之填海，愚公之移山，终有贯彻目的之一日。"

7月13日，一场"特别大会"在浮屿陈氏宗祠召开。

陈嘉庚激情四溢、慷慨陈词。他向大家讲述着创办厦门大学的必要性和重要性，并当场宣布认捐400万元，作为未来学校建设和运行费用。其中100万元作为厦大的创办费，经常费300万元分12年给付。

创办集美学校为陈嘉庚累积了丰富的办学经验，他深知要办好一所大学，必须要有一个出类拔萃、有管理经验的校长和一批有真才实学、堪为师表的好教师。1920年的春天，他一边向政府请拨校址，一边开始为学校物色校长。

陈嘉庚与汪精卫本是好友，他认为汪精卫的才识足以胜任这个职位，但汪精卫因政务繁忙没有答应。为了不耽误建校进程，陈嘉庚立即组织厦门大学筹备委员会，邀请10位当时国内著名的教育家、学者共同商讨师资问题并拟定办学大纲。筹备会成员包括北京大学校长蔡元培、江苏教育

> ★ 汪精卫，又名汪兆铭，早年投身革命，曾谋刺清摄政王载沣未遂，袁世凯统治时期到法国留学。中华民国成立后，曾任广东省教育会会长、广东政府顾问、中央宣传部部长。后期思想发生转变，于抗日战争期间投靠日本，在南京成立伪国民政府，沦为汉奸。

会会长黄炎培、国民政府高级官员汪精卫、国立东南大学校长郭秉文、全国青年会总干事余日章、私立上海复旦大学校长李登辉、私立上海大同大学校长胡敦复等教育界名流，及福建省立第十三中学（厦门省立中学）校长黄琬、集美学校校长叶渊、北京政府教育部参事邓萃英等人。

1920年10月，厦大筹委会第一次会议在上海召开，除蔡元培与汪精卫外，其他筹备委员均到会。会上推举邓萃英为首任校长，陈嘉庚当即同意，但要求邓萃英辞去教育部参事一职，专心主理厦大校务。

厦门大学就这样筹办起来了：聘教员、招学生、设课程，紧锣密鼓、有条不紊。

自强！自强！学海何洋洋！

谁欤操钥发其藏？

鹭江深且长，致吾知于无央。

吁嗟乎！南方之强！

吁嗟乎！南方之强！

自强！自强！人生何茫茫！

谁欤普渡驾慈航？

鹭江深且长，充吾爱于无疆。

吁嗟乎！南方之强！

吁嗟乎！南方之强！

1921年4月6日，这首由郑贞文作词，赵元任作曲的校歌《南方之强》响彻校园，厦门大学暂借集美学校即温楼正式开学了。开学典礼简朴而气氛热烈。会场上悬挂着五色国旗，在门楼上捆扎着绿叶和鲜花。会场正中设演说台，台上用鲜花结成"厦门大学开幕纪念"八个大字，"自强不息"四个字悬挂其中。主要来宾有福建省政府代表冯守愚，教育厅代表聂文俊，鼓浪屿英华书院校长洪显理，福建协和大学校长庄才伟，福建省第十三中学校长黄琬，厦门大学校长邓萃英偕其美国导师、教育学家杜威教授及夫人一行等，他们与厦门大学学生、集美学校学生、福建省十三中学童子军及厦门市各界人士3000多人参加了开学典礼。

我国有史以来由华侨创办的第一所大学诞生了！

厦门大学第一批建筑——群贤楼群，
从左至右依次为：囊萤、同安、群贤、
集美、映雪

5月9日，厦门大学校舍奠基。1915年5月9日，袁世凯与日本签订丧权辱国的"二十一条"，国人视为"国耻日"。陈嘉庚选定这一天为厦大奠基，以此告诫厦大学子勿忘国耻，发愤为国。

虽然此时学校教职员不到20人，学生实到人数也只有98人，但陈嘉庚仍然充满信心。可令人意想不到的是，创办初期困难重重，最先发生的便是校长的更迭。

已经开学，邓萃英却仍未辞去原职务。陈嘉庚对这种"挂名校长"极为不满，随即批准了他的辞呈，并立即致电挚友林文庆博士，再三恳邀他来接管厦大。林文庆知道当时在国内办教育的千难万苦，但深感于陈嘉庚倾资兴学的义举与求贤若渴的诚意，终于临危受命，于1921年6月辞掉新加坡的一切职务，回国出任厦门大学校长一职，直至1937年7月南京政府接管厦大为止。

林文庆立"止于至善"为校训，坚持自然与人文学科并重、教学与科研并重、汉语与外语并重的办学思路，建立相应的组织机构和规章制度，厦门大学很快走上正轨。

林文庆深知雄厚的师资是学校办学质量的重要保证，他面向海内外广求贤才，不惜重金礼聘名师。在此期间，陆续受聘来校任职兼任教的教师有：

文科主任、法科主任兼代大学秘书黄开宗教授，理科主任余泽兰教授，商科主任王毓祥教授，工科主任李拔峨教授，预科主任徐声金教授，医科筹备主任林可承教授，会计处主任薛永黍教授，注册课主任傅式说教授，出纳、簿记课主任兼校长秘书邵庆元先生；还有学校资助留美的教授欧元怀也学成返校，担任教育科主任。聘请来校任教的教师有：教育学兼社会心理学教授孙贵定，国文教授陈衍、毛常、王振先，语言学教授戴密微（瑞士籍），物理学教授吕子芳，动物学教授莱德（美国籍），植物学教授钟心煊，土木工程学教授田渊添，哲学兼德文副教授艾锷风（德国籍）等，加上1921年来校的刘树杞、陈灿、周辨明等教授以及一批讲师和助教。到1924年春天，学校已经组建了一支力量雄厚的师资队伍，为学校的发展打下了良好基础。

1926年后，北洋政府风雨飘摇，北京、上海等地教授学者纷纷另谋新职。一批著名学者陆续来校任教，包括文学家、语言学家林语堂，国学家沈兼士，文学家、国学家鲁迅，动物学家秉志，数学家姜立夫，物理学家胡刚复、朱志涤，地质学家谌湛溪，教育学家庄泽宣，会计学家郑世察、陈德恒，法学家区兆荣，银行学家陈其鹿等。

从1921年到1930年，短短九年时间，厦门大学已经扩充为文、理、法、商、教育5个学院21个系，在当时就有"北有南开，南有厦大"之说。

然而当学校阔步发展的时候，世界经济危机爆发，陈嘉庚在南洋的企业遭受严重打击，陈嘉庚公司损失惨重。为了把集美学校和厦门大学办下去，陈嘉庚忍受一切冷嘲热讽，竭尽心力，向海外亲友募款筹措校费，还通过在厦门专门受理集厦两校财政的"集通号"有息借债20多万元。

1931年8月，陈嘉庚公司因无力还清贷款被迫改为股份有限公司。当时外国垄断集团要对陈嘉庚的企业提供赞助，条件是停止为集美学校和厦门大学提供经费。面对要挟，他毅然决然地拒绝了。他表示："企业可以收盘，学校绝不能停办。""盖两校如关门，自己误青年之罪少，影响社会之罪大，在商业尚可经营之际，何可遽行停止。一经停课关门，则恢复难望。"1934年2月，陈嘉庚有限公司正式发出通知，宣布收盘。

为维持厦门大学的运转，陈嘉庚将给儿子居住的三幢别墅变卖，留下了"变卖大厦，维持厦大"的佳话。

经禧律（Cairnhill Road）
42 号三幢别墅之一

为了学校与青年学生能有更好的发展，1937年6月，陈嘉庚决定以不改变学校名称为条件，将厦门大学无偿献给政府。厦门大学于1937年7月1日正式被南京国民政府接管，改为国立。

13 "山东惨祸"筹赈会

1928 年 5 月 17 日，新加坡中华总商会大礼堂里人头攒动，一眼望去有千余人之多。他们将会场围得水泄不通，迟到的人连站立的地方都没有。这些人都是来参加新加坡全侨大会的，他们手中紧紧地攥着一张传单，个个义愤填膺、摩拳擦掌。就在两周前，祖国发生"山东惨祸"，日军残害同胞。消息传到新加坡，怡和轩俱乐部发出"计划召开全侨大会""讨论救济受难同胞事宜"的传单。传单占据了多家报纸的版面，迅速传遍新加坡的大街小巷。

★ "山东惨祸"即"济南惨案"，又称"五三惨案"。1928 年 4 月，日本出兵山东，侵占济南。5 月 1 日，国民党北伐军开进济南。3 日，日军向国民党军大举进攻，以重炮轰击济南城，在济南屠杀中国军民近 8000 人，并公然违反国际惯例，将特派交涉员蔡公时等 17 名外交人员捆绑毒打后杀害。这一惨案激起中国人民新的反日浪潮，迫使日军于次年撤出济南。

★ 怡和轩俱乐部，原为新加坡华侨成立的"百万富翁俱乐部"，是供富商们休闲娱乐的会所。陈嘉庚当选为俱乐部总理以后，对其进行改革。抗战期间，陈嘉庚身兼新加坡怡和轩俱乐部、新加坡福建会馆、星华筹赈会、南侨总会、闽侨总会五大机构主席的重任，五大机构的办事处都设在怡和轩，怡和轩成为陈嘉庚领导抗日救亡运动的总指挥部，成为新加坡乃至东南亚华侨抗日的领导中枢。

下午 2 时 20 分，大会正式开始，新加坡华侨社会各不同帮派和组织有 122 个社团代表到会。

大会讨论决定成立"山东惨祸"筹赈会，同时推举一位主席。

"主席人选非嘉庚先生莫属。"

"没错，我同意！""我也同意！"……

大家的意见出奇的一致。

此时的陈嘉庚经济实力雄厚，致力于慈善公益与教育事业，深孚众望，与会代表们以热烈的掌声表达了他们对陈嘉庚的拥戴。

筹赈会办公地点设在怡和轩俱乐部。在这里，陈嘉庚不辞辛劳，周密部署筹款活动，成立了工作委员会，设主席、副主席、财政、查账、总务、文书以及筹款组，将新加坡划分为 14 个区，并设立 14 个筹款团，使筹款活动覆盖到整个新加坡。此外，还有筹赈会妇女部以及海界特别区募捐团，专门开展妇女与新加坡及沿岸一带工作的运输工人、船员等的募捐与宣传。

新加坡怡和轩俱乐部

在陈嘉庚的带领下，新加坡华侨团结在一起，将募捐运动发展成了一项跨越帮派、深入民间的爱国运动。据《南洋商报》报道，有三分之一的新加坡华侨，数目在 10 万人左右，投入到了这场轰轰烈烈的运动中。历时 9 个月的筹赈运动，共募集善款 134 万元，交给南京国民政府财政部。

除募捐外，陈嘉庚还号召广大华侨全面抵制日货，并在《南洋商报》上揭露华侨奸商私运日货进口的恶行。新加坡华商协会也于1928年5月12日发出中止对日贸易的通告，华侨社会纷纷响应。华侨们不为日本船装卸货物，不为日本渔船销售商品和鱼货，日本诊所、理发店以及其他日本人开的商店，也"全无华人顾客"。

日本侵略者和亲日奸商为此极其仇视陈嘉庚。1928年8月7日，陈嘉庚位于三巴哇街沿河一带的橡胶制造厂遭奸商雇人纵火，近3000平方米的厂房被焚，机器、货物被毁，直接经济损失近百万元，虽获保险赔偿，仍损失50余万元。此后至1933年，陈嘉庚公司还陆续发生两次火灾，深受重创。

"山东惨祸"筹赈会是陈嘉庚首次挺身而出领导侨胞反对日本侵略，也是南洋华侨第一次超越帮派的有组织有领导的抗日活动，影响深远。陈嘉庚杰出的领导才能赢得了华侨社会的广泛肯定。

14 古今中外最伟大的提案

1937年7月7日，驻华北日军挑起卢沟桥事变，抗日战争全面爆发，日军迅速占领东北、华北，威胁华中、华南，妄图一举灭亡中国。1938年10月，随着广州、武汉沦陷，抗日战争进入相持阶段。中国共产党领导的抗日革命武装坚持抗战，队伍不断壮大，迫使日本帝国主义将进攻方向转向八路军和新四军，并对国民政府采取"政治诱降为主，军事打击为辅"的方针。在日本帝国主义的"诱降"之下，国民政府内部以汪精卫为首的投降派开始进行所谓的"和平运动"，大肆宣扬"亡国论""投降论"。

"堂堂国民党副总裁居然主张对日和谈！"陈嘉庚拍案而起，简直不敢相信。陈嘉庚早年就与汪精卫相识，还曾经有意请他担任厦门大学校长。他立即发出电报向汪精卫求证。在得知确有其事后，他又多番劝阻，"今日国难愈深，民气愈盛，宁为玉碎，不为瓦全，继续抗战，终必胜利。中途妥协，实等自杀！"希望汪精卫能及时醒悟。然而汪精卫不为所动。

见劝阻无果，陈嘉庚又致电国民党要员孔祥熙与宋子文等人，甚至还直接致电蒋介石，强调坚持抗战的重要性，痛批汪精卫的投降行径，希望蒋介石及时采取行动，阻止汪精卫的投降阴谋，避免给抗战造成不可挽回的损失。然而，蒋介石视若无睹，顾左右而言他，敷衍陈嘉庚，却不见有任何行动。

诉求无门，陈嘉庚希望能借助舆论力量来揭露此事。他将自己与汪精卫的往来电报内容发给新加坡以及重庆的报社，以期通过媒体的公开发表，将汪精卫等人的卖国行径曝光在公众的视野下。然而，在国民政府的统治之下，言论没有自由，"批评官员就是反政府"，重庆的媒体不敢刊载，新加坡也仅有零星报道。

★ 1938 年 7 月，国民政府设立的各党派参政议政的最高咨询机构，有听取国民政府施政报告、询问、建议之权，但所通过的决议案对国民政府并无强制执行的权力，汪精卫任议长。国民参政会设参政员 200 名。共产党参政员有毛泽东、陈绍禹、秦邦宪、林伯渠、吴玉章、董必武、邓颖超 7 人。

陈嘉庚手书的"电报提案"

对于汉奸国贼，陈嘉庚绝不妥协。1938 年 10 月 28 日，国民参政会第一届二次会议在重庆召开。林伯渠、董必武等 20 人提交了《严惩汉奸傀儡民族败类以打击日寇以华制华的诡计促进抗战胜利案》，要求严惩汉奸卖国贼。作为参政会议员的陈嘉庚也从新加坡发来"电报提案"："在敌寇未退出国土以前，公务人员任何人谈和平条件者当以汉奸国贼论。"

根据国民参政会的规定，提案需经 20 名以上参政员联合署名才能交付大会讨论。陈嘉庚的电报提案一到会场，不一会儿工夫联署已超过 20 名，其中包括董必武等人。提案精简过后，被安排在 11 月 1 日上午向大会报告。依惯例，提案交付会议讨论时，议长要宣读题目，这次当然也不例外。作为议长的汪精卫看着手中的提案，面容惨白，只能硬着头皮低声念道："敌未出国土前，言和即汉奸。"提案言简意赅，字字铿锵，如同一颗"炸弹"，炸得大会波澜四起。虽然没有提到谁的名字，但大家都知道，"汉奸国贼"指的就是汪精卫。提案得到大多数人的赞同而通过，这无疑是对投降派的当头棒喝，也是对爱国者的最大鼓励。

"汉奸国贼"的字眼如尖刀利刃深深刺痛了汪精卫，他没想到自己堂堂国民党副总裁、国民参政会议长，竟然被冠以"汉奸国贼"之名。为了保住最后的颜面，汪精卫利用手中的权力，最后强行将提案改为"公务员不得谈和平"案，将"汉奸国贼"的字眼全部掩去。然而，这种掩耳盗铃的行径只是徒劳。汪精卫等人的卖国行径，哪怕用再华丽的辞藻掩饰，也注定被钉在历史的耻辱柱上。

著名新闻工作者邹韬奋有感于陈嘉庚为了国家、民族利益不畏强权，敢于直言的精神，在其《抗战以来》一书中将这一提案誉为"古今中外最伟大的一个提案"。

陈嘉庚的"电报提案"与中国共产党对汪精卫的投降主义的揭露和斗争遥相呼应，向国民党对敌投降派打了响亮的一枪。受此影响，"反汪运动"在各地迅速展开。

15 千万南洋华侨团结起来

南洋华侨筹赈祖国难民
总会会徽

这是陈嘉庚纪念馆珍藏的一枚南洋华侨筹赈祖国难民总会会徽。小小的徽章，却承载着千万南洋华侨在陈嘉庚的带领下团结一心、同仇敌忾支援祖国抗战的光辉历史。

天下兴亡，匹夫有责。抗日战争全面爆发后，新加坡华侨积极投身抗日救亡运动，爱国热情空前高涨。看着祖国深受战争之苦，陈嘉庚悲苦万分。1937 年 8 月 15 日，他主持召开侨民大会，讨论成立专门机构，为祖国抗战募捐，新加坡华社 118 个公共团体共 700 多名代表出席。大会确定成立"马来亚新加坡华侨筹赈祖国伤兵难民大会委员会"（简称"星华筹赈会"），并推举陈嘉庚为主席。

在星华筹赈会的推动下，马来亚其他 12 个区也相继成立了筹赈组织。为了统一协调各区筹赈机构工作，1937 年 10 月 10 日，在陈嘉庚的倡议下，各地代表 100 余人在吉隆坡举行集会。会议决定设立"马来亚各区会通讯处"作为新马华侨抗日救国团体的总联络机关，并推举陈嘉庚为主任。在陈嘉庚领导下，新马地区的抗日救亡运动如火如荼地开展。南洋各地华侨也纷纷成立筹赈机构。

随着战争的发展，国内战费剧增，急需支援。由于缺乏统一领导，南洋各地华侨处于各自为政的状态。1938年，菲律宾侨领李清泉、印尼侨领庄西言向国民政府建议，请陈嘉庚出面，成立一个更大的机构，以统领整个南洋的救亡活动。10月10日，来自英属马来亚、荷属东印度（印尼）、英属缅甸、法属越南和菲律宾、泰国等45埠的164名代表齐聚于新加坡南洋华侨中学礼堂，召开南洋各属华侨筹赈祖国难民代表大会。

《南洋商报》专版介绍南侨总会成立盛况 (1938.10.11)

大会现场人潮涌动，气氛热烈，四处张贴着"团结""救亡""斗争""抗敌""牺牲""雪耻"等标语。会议决议成立"南洋各属华侨筹赈祖国难民总会"（简称"南侨总会"），办事处设在怡和轩俱乐部，推举陈嘉庚为主席。陈嘉庚致词，重申筹款对于祖国抗战的重要性，强调成立一个统筹机关以协调东南亚华侨筹赈活动的必要性。大会发表宣言："愿我八百万同胞自今日起，充大精诚，固大团结，宏大力量，以我政府后盾，则抗战断无不胜，建国断无不成。"会上，大家约定各埠分会认常月捐国币400万元，捐款交南侨总会统一汇给国民政府。为期7天的会议将南洋各地抗日救国运动推向高潮，南洋华侨空前团结！

南侨总会有着科学的架构及强有力的组织能力。陈嘉庚任主席，菲律宾侨领李清泉与印尼侨领庄西言任副主席，另设有1名财政、1名查账人员以及10余名常务委员，他们团结一致，各司其职，统筹领导南洋各地的抗日救亡运动。据当时的报道，在1938年10月，南洋各地共有60余个筹赈组织，到1940年发展到了200个筹赈组织。

南侨总会组织的募捐活动有常月捐、**特别捐**、货物捐、娱乐捐等，通过各类宣传、义演、义卖活动深入到全南洋各个角落和社区。华侨社会从富商、侨领到店员、小贩、车夫、计程车司机、橡胶工人等等，各行各业都积极响应。

> **★** 特别捐是早期华侨社会普遍采取的一种重要的义捐方式。但逢国内新发生某种灾难或急需何种捐助，各地侨胞便发起各种专项捐献，如航空捐、救灾捐、寒衣捐等，种类极多。筹集的方法也多种多样，或劝募，或摊派，或举行游艺会、篮球赛、书画展览，或请名人讲演、发售入场券，或开展义卖活动、发奖券等等。

1938年12月，应南侨总会邀请，著名音乐家夏之秋带领武汉合唱团到南洋各地演出募捐。武汉合唱团的演出在当地引起了轰动，场场满座，观众和报纸报道都给予极大的好评。合唱团在南洋义演的15个月共筹集叻币230余万元。当合唱团在柔佛麻坡演出时，爱国侨胞为剧情所感染，抗日情绪激昂，当场开展献金活动，这一活动随后被推广到其它地方，成为一种有效的筹款办法。

1939年3月14日，"徐悲鸿教授作品展览"于新加坡维多利亚纪念堂开幕，展出徐悲鸿的国画、油画作品171幅，共筹集叻币15398元。

义卖作为筹募义款的又一种重要方法，最早发端于香港。1937年秋，香港瓜菜小贩率先开展义卖活动，按高于原价数倍的价格把瓜菜出售给热心抗日的同胞，所得款项作为救国献金，连本带利悉数捐给祖国。九龙各业小贩相继响应，他们在所卖物品标签上书写"抗战到底"等字样，观者动容，纷纷慷慨解囊。此后，义卖活动迅速在海外侨社中扩展开来。各地抗日团体、商店、理发店、酒楼饭馆以及报童、摊贩、家庭主妇都踊跃参与义卖，所卖物品无所不有。

马来亚小贩郑潮炯背上自己的行囊，走街串巷，从早到晚义卖瓜子，劝人募捐。他的脚步遍布马来亚的茶楼、戏院、商场、码头、车站。5年间，他筹集到18万元义款，悉数交给南侨总会。当时一顿饭只需一两角钱，可想而知这是一笔多么大的款项。

结婚不忘救国，华侨萧丕居将女儿结婚时所收贺礼1.8万元全部捐出

荷属东印度华侨小学生义卖冰淇淋、雪水

在陈嘉庚的领导下，南侨总会募集了大量的资金以及抗战物资。据不完全统计，截至1940年10月，南洋华侨共捐赠飞机217架、坦克27辆、救护车1000辆、大米1万包，还有大量药品、雨衣、胶鞋等。仅1939年冬天，南侨总会就募集到寒衣50万件，金鸡纳霜（即奎宁，抗疟疾的药）5000万粒以及大量其他中西药品和医用绷带等。据国民政府财政部统计，华侨自1937年至1945年，捐款总额达国币13亿余元，其中南洋华侨捐献比重最大，有力支援了祖国抗战。

16 陈嘉庚与南侨机工

抗战期间，有着这样一群特殊的"战士"：

他们没有在前线与日军作战，却同样面临着严酷的死亡威胁；

他们的武器不是枪炮，却一度保障了祖国抗战物资的供应；

他们中很多人生活优渥，受过良好教育，却甘愿舍弃一切回国服务；

他们中甚至有人为了加入队伍，女扮男装；

……

他们告别了父母妻儿，不远千里回到祖国，为支援抗战作出了巨大贡献。他们就是被誉为"华之魂 侨之光"的南侨机工，一群饱含赤子情怀，为民族大义甘愿抛头颅、洒热血的爱国华侨！

1939 年 2 月，马来亚槟城机器行回国服务机工队回国参战

1938 年，中国沿海港口相继被日军占领或封锁，大量抗战物资被阻隔在境外，无法运抵前线。狂妄的日本帝国主义以为困顿的中国除了向他们投降，已别无选择。为摆脱这一困境，及时运送滞留的抗战物资，一个以老少妇孺为主的 20 万人筑路大军在云南连绵的山脉中抢修了一条国际通道——滇缅公路。然而，当时国内经历连年战火，不仅缺少运输车辆，还缺少经验丰富的卡车司机与修理工。

紧急关头，陈嘉庚应国民政府西南运输总处宋子良主任的请求，毅然承担起在南洋招募华侨司机和修理工的重任。1939 年 2 月 7 日，陈嘉庚以南侨总会名义发出《第六号通告》，动员南洋华侨中技术熟练的司机和汽车修理工（简称"南侨机工"）回国服务，支援抗战。

"为通告事，本总会顷接祖国电委征募汽车之修理人员及司机人员回国服务（修机者按数十人），凡吾辈具此技能之一，志愿回国以尽其国民天职者，可向各处华侨筹赈会或分支各会接洽……事关祖国复兴大业，逼切注意办理是要。"

通告一经发出，瞬间传遍整个南洋。青年华侨的爱国热情被点燃，报名者络绎不绝。

新加坡工程师王文松，放弃月收入约国币 700 元的高薪工作，带领十几名同伴，以及一整套维修机器报了名……

吴惠民，不会开车也不会修车，紧急学习汽车驾驶后报了名……

林来福，把相依为命的弟弟托付给友人，转身报了名……

马来亚李月美，女扮男装，和弟弟李锦荣一起报了名……

刘瑞齐瞒着新婚的妻子，偷偷报了名……

泰国蔡汉良，放弃了 4 个锡矿的继承权，报了名……

印度蒋印生，未满 13 岁，谎称自己已 16 岁，报了名……

"家虽是我所恋的，双亲弟妹是我所爱的，但是破碎的祖国，更是我所怀念热爱的……这次去，纯为效劳祖国而去的……虽在救国建国的大事业中，我的力量简直是够不上'沧海一粟'，可是集天下的水滴而汇成大洋。我希望我能在救亡的洪流中，竭我'一滴'之微力。"

这是马来亚白雪娇留给父母的一封家书。白雪娇出生在槟城的一个华侨富商家庭。1934 年，她回国就读于集美学校，后考入厦门大学中文系。抗战爆发后，她回到槟城当教师，担任槟城筹赈会的妇女委员。在此期间，她积极宣传抗战，动员华侨购买抗日救国公债，参加抗日义演、义捐等活动，成为槟城妇女抗日救国的骨干。听闻招募消息后，她瞒着父母，偷偷辞去教师的工作，化名"施夏圭"报名应征，投笔从戎。施是母姓，夏是华夏，圭即归，表明她归国参战的决心。"谁言寸草心，报得三春晖。"父母的养育之恩最是难以割舍，但是在国家危难之际，纵有万般不舍，白雪娇仍义无反顾地踏上回国的征程。

1939 年 2 月 18 日，农历除夕。第一批 80 名南侨机工（68 名司机，12 名修车机工）在新加坡集合，在辞旧迎新的爆竹声中告别家人，勇赴国难。自 1939 年至 1940 年，南侨总会共招募 3200 余人，分 9 批回国。

南侨机工置生死于度外，忠于职守，前仆后继，闯过险路险情关、雨水泥泞关、疫疠瘴疟关和日机轰炸四道"鬼门关"，日夜奋战在滇缅公路上。滇缅公路起于云南昆明，止于缅甸腊戍（Lashio），全程超过 1200 千米，路上要行驶七八天，沿途穿越崇山峻岭，路况艰险，多为削坡劈岩而成，上有危悬欲坠的巨石，下有深不见底的悬崖。仅下关至畹町段，就要翻越 6 座大山的支脉，跨越 5 条大江大河，地形条件极为复杂。

滇缅公路由于是抢修出来的，路是土路，路基不稳，每次遇到风雨天气，道路泥泞不堪，坑坑洼洼。满载军火物资的卡车行驶在这样的道路上十分艰险，稍不留神就会车毁人亡。不仅如此，日本的飞机还经常在头顶盘旋轰炸。飞机过来时，机工们就跑到山林中躲避，待飞机走了以后继续开车。要是遇到大风大雨天气，无法继续行进，只能在驾驶室内熬到天晴。车子不幸在路上抛锚了，也只能等后面的车来了才能抢修，有时候等一两天也没有车子经过，只能在车上忍冻挨饿。

滇缅公路延长线贵州路段的"二十四拐"

滇缅公路延长线贵州路段的"二十四拐"，位于黔西南州晴隆县南郊 1 千米处，盘旋曲行于晴隆山脉和磨盘山之间的一片低凹陡坡上。这条公路依据山体地形修建，犹如一条蛟龙盘旋在山体之间，雄奇险峻。公路全长 4 千米，宽 6 米，从第一拐到第二十四拐的直线距离 350 米，垂直高度达 250 米。抗战物资经过滇缅公路到达昆明以后必须要经"二十四拐"才能送到前线和重庆，这里成为中缅印战区交通大动脉，承担着国际援华物资的运输任务。

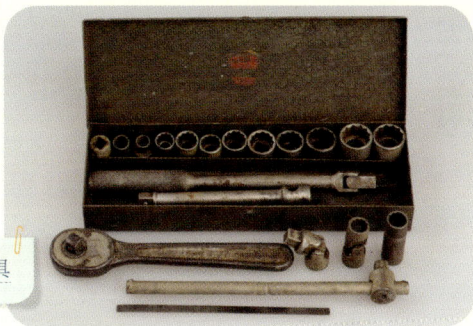

南侨机工的修车工具

　　陈嘉庚十分牵挂回国服务的南侨机工。在得知南侨机工生活艰苦，缺医少药，食不果腹的状况后，他一面致函宋子良，要求改善南侨机工的生活状况，一面积极为他们募捐被子、蚊帐以及药品。然而，这些物资大部分都没有发到机工的手上，而是被国民党的贪官污吏占为己有了。

　　纵使面对再多危险，经历再多艰辛，南侨机工们始终紧握手中的方向盘，拼死抢运大量军用物资。在滇缅公路这条战线上，他们以每一千米牺牲一条生命的代价保障了抗战"输血管"的畅通，为抗战的胜利立下了不可磨灭的功勋。据不完全统计，3200位南侨机工中，有1000多人因战火、车祸和疫疠英勇捐躯。抗战胜利后，在陈嘉庚的努力下，1000多名南侨机工回到南洋，另有1000多名留在祖国，分散到各地。

　　2022年10月29日，全球最后一位南侨机工蒋印生辞世。

　　几十年来，相继发行的介绍南侨机工事迹的一部部书籍和专题纪录片，是人们对英雄机工最深沉的纪念；一座座拔地而起、巍峨壮观的南侨机工纪念碑，是后人献给英雄机工最崇高的敬意。

　　赤心光照日月，清名永世长留。

运输救国歌

同学们，别忘了我们的口号，

运输能救国，安全第一条。

车辆的生命，同样地重要，

好好地保养，好好驾，快把运输任务达到，

再把新的中国来建造。

同学们，别忘了我们的口号，

生活要简朴，人格要高超，

不许赌钱不许嫖，快把烟酒齐戒掉。

听啊！哪怕到处敌机大炮，

宁愿死，不屈挠，

努力保家，忍苦要耐劳，要耐劳。

同学们，别忘了我们的口号，

唤醒着同胞，团结着华侨，

不怕山高，不怕路遥，

收复失地，赶走强盗，

把民族的敌人快打倒，快打倒。

17 嘉陵江边歌舞升平

"余到重庆所见，男则长衣马褂，清代服饰仍存，女则唇红口丹，旗袍高跟染红指甲，提倡新生活者尚如是。行政官可私设营业，监察院不负责任。……然余所不解者，重庆诸人之奢费，金钱从何而来？是否民脂民膏？"

陈嘉庚在《南侨回忆录》里这样描述抗战时期的陪都重庆。他亲眼见到重庆官场的奢靡、官员的腐败，无比震惊。而在震惊之余，他也对祖国的前途进行了更深层的思考。

1928年12月，随着张学良宣布"东北易帜"，军阀混战局面结束，南京国民政府成为代表中国的合法政府，国家实现了形式上的统一。陈嘉庚认为"外国已经承认，国民应当服从"，并将"拥护南京政府为首要目的"作为《南洋商报》的办报规则。

1931年，"九一八事变"爆发。国难日益深重，蒋介石却奉行"攘外必先安内"的政策，选择先"剿共"后抗日。1936年12月12日，为逼蒋介石抗日，张学良、杨虎城毅然在临潼将其扣留，发动了震惊

> ★ 张学良（1901—2001），中国国民党爱国将领。奉系军阀首领张作霖的长子，东北保安军总司令，中华民国陆海空军副司令，陆军一级上将。2009年被评为一百位为新中国成立作出贡献的英雄模范人物之一。
>
> ★ 杨虎城（1893—1949），中国国民党爱国将领。中华民国陕军将领，17路军总指挥，陆军二级上将，陕西省主席。2009年被评为一百位为新中国成立作出贡献的英雄模范人物之一。

中外的"西安事变"。陈嘉庚紧急致电张学良，希望能迅速释放蒋介石，避免政局震荡动摇国本。为和平解决此事变，中国共产党派出以周恩来为首的谈判小组赴西安协商善后。最终，蒋介石接受"停止内战、联共抗日"等六项主张，并获得释放，事件得以和平解决。听闻消息，陈嘉庚由衷欢欣，破例在怡和轩举办宴会，与海外侨胞共同庆贺，他希望国共两党能团结抗日，共同完成救国大业。

然而，战争烽火肆虐，国共两党矛盾却愈演愈烈。其实在新加坡，陈嘉庚就经常听到有关国民党消极抗日与官场腐败等种种传闻，他忧心忡忡——"这是能改变中国命运的好政府吗？"

为了慰劳国内抗日军民和考察抗战实况，更为了探明真相，陈嘉庚发起并率领南洋华侨回国慰劳视察团回国考察。1940年2月，慰劳团正式成立，团员52名。3月6日，慰劳团由潘国渠带领，从新加坡乘"丰庆轮"到仰光，转重庆，继而分三团出发。根据陈嘉庚的要求，每位团员还自带了帆布床、蚊帐、外大衣和手电筒等。

3月15日，陈嘉庚与南侨总会副主席庄西言、秘书李铁民搭英国邮轮离开新加坡，16日抵槟城，19日抵仰光。短暂停留一个星期后，3月26日，陈嘉庚一行人登上了"康定"号飞机，飞往重庆。

阔别18年，陈嘉庚终于再次踏上了祖国的土地。前方抗战的将士、饱受战乱的同胞牵动着他的心，他悲愤忧虑、感慨万千。飞机稳稳地降落在重庆机场，机场外早已挤满了前来欢迎的各界人士与中外记者。看到如此热烈的场面，陈嘉庚难得开怀一笑。

在机场临时欢迎茶会上，陈嘉庚激动地说：

"我离开祖国已十八九年了，对国内情形已不大清楚，但我有一颗心，这颗心随时随地都在惦记着祖国！"

重庆各界欢迎陈嘉庚

平复了一下心情，他继续说道，"今天在这里，我并非慰劳团团长，而是以南侨总会主席的身份，代表一千多万侨胞回国慰问大家！祖国是我们华侨的母亲，作为子女理应热爱我们的母亲，这是我们的责任！……"

这位 67 岁的老者，表情庄严，语调铿锵有力，对祖国的热忱溢于言表。现场雷鸣般的掌声经久不息。

欢迎茶会后，考虑到从江边到岸上要登 300 级台阶，接待人员特地准备了 3 顶轿子供陈嘉庚等乘坐。他看大家都是步行，也坚持步行。浩浩荡荡的一行人登了 200 多级台阶，跟在后面的官员们已经气喘吁吁了。陈嘉庚心中不满，战争年代的官员，体力竟如此之差。上岸后，他便由庄西言陪同，乘汽车抵达嘉陵招待所下榻。

当听说国民政府特地拨了 8 万元作"欢迎筹备费"，招待慰劳团时，陈嘉庚的眉头倏地皱了起来，自己此行只为慰劳军民，考察国内情况，如此铺张浪费，实在不妥。中央政府如此，必然会引发全国各省区地方官员的群起仿效，耗费大量钱财不说，还会在民众中造成不良影响。

第二天一早，陈嘉庚立刻在《中央日报》刊登启事，希望慰劳团沿途所到之地的政府长官、社会人士不要浪费金钱用于接待。

陈嘉庚不喜欢应酬，但在重庆还是免不了要出席各种名目的宴会和招待会，因此也到过嘉陵宾馆好几次。这是一座建筑设施十分富丽堂皇的宾馆，相传是行政院长孔祥熙所开。陈嘉庚起初不敢相信，国民党最高行政领袖之一的孔祥熙哪来这么多资金？官员又怎么能与民众争利呢？

有一次，陈嘉庚被邀请到嘉陵宾馆，孔祥熙碰巧也在，他乐哈哈地说："陈老可还喜欢这餐食环境？您就安心地在这儿享受，宾馆是我开的，有什么需要就直接同我说！"

陈嘉庚听闻此话，不禁大失所望，冷冷地对身旁的人说："如果是在英国，政府公务员公然经商，必定会被开除。"

这天，蒋介石与宋美龄夫妇在嘉陵宾馆设宴招待慰劳团。蒋介石热情地询问着陈嘉庚对重庆的观感，陈嘉庚说："在政治上，我是个门外汉啊，就不多说了。不过到重庆这十几天也转了一些地方，看到城内大兴土木，交通也很便利，到处都生机蓬勃的，感觉很欣慰。"

蒋介石听到这话，露出骄傲的表情。然而陈嘉庚话锋一转又说："但是，我发现，这街上的人力车和汽车都太脏了。在马来亚，人力车和汽车不整洁，车主可是要受罚的。因为这不仅仅关乎车辆本身，还关乎市容和卫生问题。"蒋介石听后，脸色沉了一下，立即让人记录下来。又十余天过去了，陈嘉庚出门时发现，人力车的卫生状况果然大有改观，汽车也擦得光亮洁净。然而再往下一看，车下和车翼还都有不少泥土，原来竟是做的表面功夫，不禁叹气摇头。

其实令陈嘉庚不满意的，又何止是这表面的"不干净"。刚到重庆时，国民党中央组织部派了一辆专车供他外出视察使用。可是没过几天，他就发现专车司机竟然在核报汽车用油的时候弄虚作假。刚正不阿的陈嘉庚哪会接受这样的工作人员，于是果断将其辞退。等到需要用车，他再让招待员安排，发现竟然还是之前的那位司机。司机不但谎报用油，每天还索要 5 元茶钱。重庆政府从高官到普通员工滥用公物、挥霍公款的情形让他震惊不已。

几天后，《南洋商报》特派记者张楚琨从前线采访返回重庆，到嘉陵招待所拜会陈嘉庚。陈嘉庚十分关心前方战事，张楚琨也将自己所见悉数相告，他愤愤不平地说：

"前方吃紧，后方紧吃。重庆哪家酒家不客满？达官贵人花天酒地，谁想到战士浴血苦战？"

说罢，还指着招待所下面江边山坡上正在大兴土木的工地说：

"那是国民党要人建的官邸，一座是国民党海外部长吴铁城的，另一座是国民党组织部长朱家骅的……"

陈嘉庚沉默了，久久地不愿说话。重庆达官贵人们花天酒地、挥金如土的情形瞒不过他的眼睛。他听过了太多"焦土抗战"的神话，此刻，在严酷的事实面前，沉默了。

陈嘉庚在重庆停留了一个多月，参观了西南运输公司运输站、化学制造厂、造纸厂、炼钢厂、军械厂和工业合作社等处，结果都不甚满意。当知道国民政府钳制报纸、禁止言论自由时，更是大失所望。他的住处几乎每天都有国民政府要员及各级军政长官前来拜访，他也在与他们的交谈中知道了许多国内抗战以来的实际情况。蒋介石的反共态度，国民党政要的反共言论，以及笼罩在嘉陵招待所、嘉陵宾馆的反共气氛，这些都使这位爱国老人忧心忡忡：那些国民党中央委员，都是身居要职，但都假公济私，腐败无比，生活奢华！而灾难深重的祖国啊，前路茫茫……

18 宝塔山上红日升

"陈主席您看，出了这甘泉县界，再往北走不过两个钟头就能到延安了，这路啊，可是越来越难走了！"国民党陕西省政府第一科长寿家骏意味深长地说着，看向陈嘉庚的眼神中充满了探究。

陈嘉庚沉静地望向窗外，沟壑纵横的黄土高原此刻就在眼前，漫天的黄尘也遮不住它雄浑的本色。这样苍凉的土地上，究竟能滋养出怎样的一支队伍呢？《西行漫记》中描述的，又有几分真实？……种种疑问萦绕在心头，他无心去理会寿科长"不怀好意"的试探，只想快一点到延安，再快一点……

1940 年 5 月 31 日，陈嘉庚一行抵达延安

也许是天遂人愿，陈嘉庚一行到达延安的时间竟比原计划提前了半个小时。欢迎的队伍人头攒动，不多时，已在延安南门外的小广场上聚集了 5000 余人。闽籍的学生与军民们激动地涌到最前排，用家乡话亲切地与陈嘉庚打着招呼，高喊着"向陈嘉庚先生致敬！""向海外爱国侨胞致敬！"陈嘉庚听着乡音，心中流过一股暖流，慈爱地同他们挥着手，走上了临时搭起的欢迎台。

　　"大家辛苦了！我代表南洋一千一百多万华侨向大家致意！"陈嘉庚站在主席台上，亲切地看着台下的人们。包括陕甘宁边区政府副主席高自立、边区卫戍司令肖劲光和吴玉章等在内，在场的军民一律席地而坐，他们虽然衣着俭朴，但个个眼里有光，朝气蓬勃。这场景深深触动了他，连音调都不自觉地提高了。后来他还将这一场景雕刻在鳌园里，可见延安军民给了他多么好的第一印象。

　　"抗战一定要坚持下去！汪精卫这样的汉奸国贼一定要剔除出去！中国抗战一定会胜利！"稍作停顿，他沉声道，"南洋侨胞最关心的就是国内的团结问题。当下最紧要的是消除一切摩擦，不分党派，共同合作，一致把日本帝国主义赶出中国去！"台下爆发出热烈的掌声，大家的脸上是掩饰不住的兴奋，眼神里充满着坚毅。

　　欢声雷动的场景也深深触动着随行而来的李铁民，他感慨地说："南洋侨胞十分关心国内的抗战情况，对中国共产党也有着很深的情感。两年前陕北公学在南洋募捐，大家都慷慨解囊。有一印度朋友不知道陕北公学是什么，在座的一位侨胞向他说明是中国共产党办的学校，实行抗战教育。他听到后不但马上捐款，还连续捐了三次。其他人见他如此，也都纷纷响应。这说明中国抗战得到伟大的同情。"

鳌园石刻：延安各界欢迎会

简短的见面会在欢欣鼓舞的气氛中结束。晚些时候，陈嘉庚入住延安招待所。这是延安老城外一处简陋的招待所，距离公路大概百余步。陈嘉庚就住在其中的一间窑洞中，长大概10米，宽3米多，高3米，正面的门和窗是用白纸封贴上的。洞内的床和椅都很简单，比外面要稍微冷一些，15度左右。这样的住宿条件，自然是比不得国民党安排的嘉陵招待所，然而陈嘉庚却住得颇为安心。

6月1日一大早，一群留延归国华侨青年来拜访陈嘉庚，大家争先恐后地向自己仰慕已久的爱国侨领汇报着。

"嘉庚先生，您可真有胆识。我们这延安城啊，离前线太近，经常受到空袭。您看这城里，都被日军的飞机炸平了，新建的窑洞也有被炸塌的。空袭警报时不时就破空而起。'保卫大延安'的战备大演习刚刚结束，我们留在延安的华侨青年有两百多名，也都在各自的学校、机关参加了演习，随时准备行军打仗哩！"一名叫王唯真的男同学激动地说。

> ★ 王唯真，曾任新华通讯社代理社长。1938年5月，年仅15岁的他怀着抗日救国的一腔热血到香港八路军办事处。1939年5月，他随南洋华侨司机服务团车队，绕道越南回到祖国，辗转奔向延安。

"好、好、好！"陈嘉庚欣慰地笑着，"你们参加八路军感觉怎么样？"

"蒋介石节节败退，半壁江山顷刻奉送给了日寇，共产党八路军、新四军节节向敌后推进，给人民带来信心和希望，要抗战救国就得依靠咱们共产党！"一位男学生也抢着说，其他同学听闻纷纷附和着。

陈嘉庚看着他们俭朴的着装，想着自己的餐食已是很简单，想必他们的也不会更丰盛，于是开口继续问道："你们都是侨生，觉不觉得这里的生活艰苦？"

一位齐耳短发的女学生笑着回答道："您别看我们吃的都是小米稀饭和青菜，这些瓜果、蔬菜，都是我们自己开荒种的呢。而且，我们也养猪，每周都能吃一次猪肉的。跟前线的战士相比，我们可一点都不苦！"

说话的女生名叫廖冰，是李铁民女儿的同学，她们曾在新加坡华侨女中就读。因为相识较早，聊起天来更是放松，气氛十分热烈。

"这样很好，可以培养劳动习惯，学生不会成为脱离实践的书呆子！在集美学校，我也要求学生这样做的。"陈嘉庚十分认同如此做法。听学生们说，这延安城里还有鲁迅艺术学院、陕北公学、抗日军政大学、中央党校、马列学院等等学校，他更是欣慰，如此重视培养抗战人才，如此重视华侨学生，延安不简单！

当天上午，陈嘉庚来到延安女子大学参观，朱德总司令与夫人康克清已在学校迎候。一行人参观了学生的生活和学习情况，观着了她们居住的窑洞和露天上课的情景，还参观了女大附设的缝纫、制鞋车间。

"敌后前线需要大量妇女干部去开展工作，来自海内外的先进女青年在这里加紧学习锻炼，随时准备奔赴敌后战场，这就是女子大学创办的目的。"康克清介绍着。

陈嘉庚一边参观，一边动容地点头，被延安干部艰苦创业的精神深深地感动着。

在参观完女子大学后，随行而来的李铁民上车时一不小心撞破了头，医生赶来包扎后，将其送往延安中央医院住院治疗。陈嘉庚因此更改了行程，也有了更充分的时间去了解延安，了解中国共产党。

6月初的延安，天气微凉。闲来无事时，陈嘉庚信步而行在延安的街道上。延安城中有一条公路，是城中的南北主要通道。街边店铺和住宅大多已倒塌，只留下日寇滥炸的罪证。为防止敌机再来轰炸造成伤亡，政府禁止民众住在街市上，已有两万余民众迁居至城外附近的山洞。他沿着陡坡登上城门，将这壮丽山河尽收眼底，三面山岭叠伏，宝塔屹立山顶，延河碧波荡漾。

他不禁心中欣喜，这延安地处南北交通要冲，等到战争胜利，古城重建之日，定能发展为数十万人口的大都市。

6月4日，恰逢延安第四军校举行毕业典礼，陈嘉庚受邀参加。午饭时间，朱德总司令来到招待所一起用餐。席间，陈嘉庚又不免为国共两党摩擦担忧。朱总司令放下筷子，叹了口气说：

"陈老也不必太过介怀，都是些下级军政人员和不良分子滋生事端。国民党对我们成见很深，视我们为眼中钉。步枪子弹，说好的每月给800万粒，结果就第一年如约交付，后面的屡催不交，要不然就是给很少。"

"那为何不与蒋介石交涉呢？"陈嘉庚听说军备不足，内心焦虑。

"跟他交涉过了，他也曾下手令嘱咐，可还是领不足。到现在已经8个月没给过一粒子弹了！抗战以来，也不曾给过我们一支步枪、一粒大炮子弹，其他的就不说了。如果您老不信啊，下次再见到他可以问问。"

用过午饭，陈嘉庚在朱德的陪同下参观第四军校。步入校园，碰巧遇到学生们在操场比赛篮球，气氛热烈，见了总司令也并没有人行礼。

这时，一位学生向朱德大声招呼着："总司令，来比赛一场！"

"快来，快来！"其他学生也高声喊道，还有人直接将篮球扔了过来。朱德大笑，随即脱去外套，跳起接球，直接运球进场，一记漂亮的投篮，球应声入网，四周喝彩雷动。

朱总司令身姿矫健，连赛两局。陈嘉庚在场边不住感叹："身为总司令，却能与学生打成一片，其无阶级复如是……"

"余观感之下，衷心无限兴奋，喜慰莫可言喻，认为别有天地，如拨云雾而见青天。"

短短的几天时间，陈嘉庚与中共领导人、财政、公安等部门负责人谈话，向学生了解情况，并亲自走上街头、深入市场，了解中共及边区政府政策。生机勃勃的延安将此前积存在他心中的雾霾荡涤一新。曾经在新加坡听闻的种种谣言，被眼前的事实一一击碎。他将在延安所见种种详实地记录在后来撰写的《南侨回忆录》中："田园民有，商店自由营业，城市治安良好，男女交往有序……勤劳诚朴，忠勇奉公，务以利民福国为前提，并实行民主化，在收复区诸乡村，推广实施，与民众辛苦协作，同仇敌忾，奠胜利维新之基础。"他毫不保留地夸赞道："梦寐神驰，为我大中华民族庆祝也。"

6月7日晚，延安各界在中央大礼堂欢送陈嘉庚一行，毛泽东、朱德等中共领导人出席。李铁民的《告别延安》一诗将晚会推向高潮。

告别延安

作者：李铁民

亲爱的延安的兄弟姐妹们，再见！
一曲骊歌，诉不完我心中的留恋！
我留恋那四周起伏的山岗，
留恋那一望无际的田野，
还有那锦带般的延河，
窑洞式的医院。
战友的情谊，如兄似弟，
革命奋斗，不畏饥寒。
这一切展现在我的眼前，
叫我怎不激动和留恋！

呵，延安的兄弟姐妹们，

愿你们坚持团结，坚持抗战，奋勇杀敌，

争取中华民族的自由解放。

南洋华侨一定会和你们打成一片！

南洋华侨一定会和你们打成一片！

6月8日清晨，陈嘉庚一行，满载着延安人民的深情厚谊，怀着对正义与光明的憧憬，与沐浴在晨光中的延安依依惜别。陈嘉庚相信，宝塔山上升起的这一轮红日，终将照耀整个中国！

19 冒死撰写《南侨回忆录》

在陈嘉庚纪念馆展厅里，有一件十分珍贵的手稿，吸引着观众驻足凝视。手稿共计 744 页，装订成 10 册，内容主要以黑色钢笔写就，中间夹红色修改字迹。这就是陈嘉庚的《南侨回忆录》手稿，是陈嘉庚纪念馆的镇馆之宝。

《南侨回忆录》记录了南洋华侨襄助祖国抗战的巨大贡献和陈嘉庚服务社会的经过。它自 1946 年在新加坡首次出版以来，深受民众喜爱和推崇，风行海内外，世界各地相继再版达 20 余次。全国归国华侨联合会原主席张国基曾说："《南侨回忆录》和《西行漫记》是两部在海外最受欢迎的巨著，两部书都起了很大的作用。在华侨中《南侨回忆录》的影响更大一些，因为华侨觉得陈嘉庚的话更亲切可信。"它是陈嘉庚最为重要的著作，也是堪称华侨史上最著名的传世著作。这样一部巨作，却是陈嘉庚在躲避日军搜捕、客居异乡的避难日子里写就的。

危险重重的避难生涯

1942 年 2 月 1 日，日军占领柔佛，开始进攻新加坡。2 月 2 日，陈嘉庚紧急安排好南侨总会事务。2 月 3 日凌晨，在众人的催促下，陈嘉庚来不及通知家人，乘小火船前往印尼苏门答腊。日寇视陈嘉庚为"南洋抗日之巨头"，悬赏 100 万元捉拿。陈嘉庚被迫剃须改装，一路辗转，在日寇的眼

印尼简图
（箭头指示为日本南侵时 先父逃难路线）

皮底下度过了 3 年多的时光。

陈嘉庚辗转多地避难，幸有一众爱国侨胞与集美学校、厦门大学校友冒死掩护。南侨总会副主席、印尼侨领庄西言被日军逮捕，严刑拷打逼问陈嘉庚下落。庄西言不为所动，誓死不透露陈嘉庚的行踪，被关至抗战结束后才重获自由。

集美学校校友郭应麟、刘玉水，厦门大学校友黄丹季为了更好地掩护陈嘉庚，将其化名"李文雪"登入郭应麟在泗水的丽都礼品公司户口簿内。这样一来，"李文雪"就成了战前就迁入爪哇，在泗水住过 5 年的居民，并取得了身份证。此外，郭应麟还从泗水接来自己的妻子林翠锦及孩子，与陈嘉庚一起在玛琅的巴兰街 4 号住下，组成一个特殊"家庭"。此后，为了躲避日军搜捕，他们又数度迁居。泗水华侨李荣坤把陈嘉庚接到泗水与自己家人同住，以亲人的名义为陈嘉庚作掩护。

避难的日子，危险无处不在，日本宪兵经常无故闯进陈嘉庚住所。一天，他正在躺椅上看书，忽然走进来一个凶神恶煞的日军军官，一进门就指着正在专心看书的陈嘉庚大声喝问："你是谁？你是谁？"气势汹汹的来者并没有吓到陈嘉庚，他镇定地坐起来，看着眼前暴跳如雷的军官。紧急关头，黄丹季急忙从里屋跑出来，用手指着耳朵，示意老人家耳聋听不见，一场危机

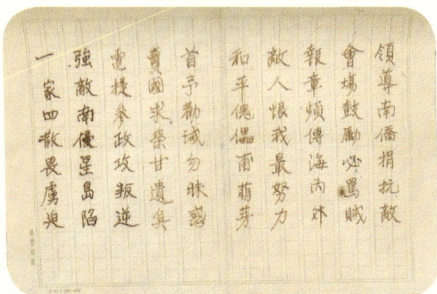

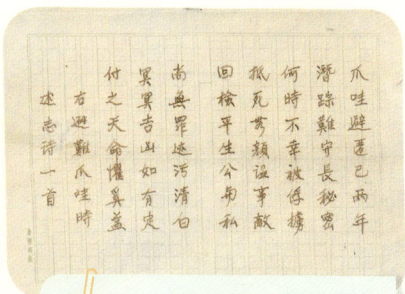

危险时刻，陈嘉庚撰写述志诗明志

才算化解。

　　惊险的事情时有发生，危险常伴左右。然而陈嘉庚从不畏惧，随身携带着剧毒的氰化钾，随时准备以身殉国。他对身边的人说："人生自古谁无死？我这么一大把年纪了，足矣。万一我不幸被捕，敌人必强迫我作傀儡，为他们办事说好话，我绝不从！那时我即以一死谢祖国！"

回忆录的诞生

　　身处险境，陈嘉庚想得最多的仍然是祖国的前途。"虽然无法公开出面领导南洋华侨抗日，但总该做点什么吧？"陈嘉庚沉思着，回首往事，决定撰写一部回忆录，将南洋华侨支援祖国抗战的巨大贡献记载下来。

印尼东爪哇省玛琅市巴兰街4号（今Hasanudn街4号）

1943年3月，陈嘉庚开始动笔。虽然为了躲避日军的搜捕，他不得不经常更换住所，但是他依然从容不迫。他每天早晨吃完饭就进屋写作，午饭、晚饭后的休息时间，他会看书读报，关注战争局势，再继续写作。在缺乏参考资料的情况下，他凭着惊人的记忆力，历时15个月完成了30多万字的书稿。

书稿详细记录了南洋华侨赤诚爱国、全力支持祖国抗战所建立的丰功伟绩；简要叙述了陈嘉庚艰苦创业、倾资兴学、服务社会的人生历程；客观地介绍了陈嘉庚1940年回国访问重庆与延安时的所见所闻，揭露了国民党统治的腐败，赞扬了中国共产党人的勤劳诚朴，忠勇奉公。

日本投降后，陈嘉庚返回新加坡，将书稿交给南洋印刷社出版，书名为《南侨回忆录》。

手稿的回归

1946年，《南侨回忆录》在新加坡出版，遗憾的是手稿却不见踪影。很长一段时间内，人们都以为再无缘目睹手稿真迹。直到20世纪80年代，身居印尼的林翠锦几经辗转，将一份手稿交给厦门市集美学校委员会。就这样，这份珍贵的手稿奇迹般地再次出现。

原来，陈嘉庚在返回新加坡前，为了手稿安全，亲自誊抄了一份，自己带一份回新加坡，另一份交给林翠锦保管。林翠锦深知这份手稿的分量，这是校主的心血，也是记录南洋华侨历史的宝贵资料，决不允许有丝毫闪失。几十年间，印尼社会政治动荡，她信守对校主的承诺，悉心保护手稿。为防不测，她把这份珍贵的手稿装进玻璃瓶，封好，深埋在自家后花园的树下。手稿历经战火，穿越了动荡岁月，却依然完好无损。

1983年，林翠锦慎重地将一部分手稿交给小女儿郭一心，千叮咛，万嘱咐，要她交给在香港的集美校友林商埔，请他帮忙联系集美学校。经过众人的努力，手稿安全地交到集美学校委员会。几年后，林翠锦又让大女儿郭一志带回另一部分手稿，郭一志把这份手稿交给在厦门大学任教的哥哥郭一飞，郭一飞把它交给了集美学校委员会。

在爱国侨胞的悉心保护下，《南侨回忆录》手稿历经沧桑，终于完整地回到陈嘉庚的故乡——集美。2008年，陈嘉庚纪念馆开馆前，手稿被移交到陈嘉庚纪念馆，作为陈嘉庚生平陈列最重要的文物，向观众叙说那段波澜壮阔的历史。

《南侨回忆录》不仅是陈嘉庚的个人传记，更是一部催人奋进的南洋华侨奋斗史、抗日救亡史，是一部鲜活的爱国主义教材，是陈嘉庚留给后人弥足珍贵的精神财富。

20 他给美国总统发电报

1946年6月26日，蒋介石撕毁"双十协定"，发动对解放区的全面进攻。美国给予国民党反动派巨大的援助，装备国民党军队45个师，用军舰、飞机运送军队到前线，并以9万人的海军陆战队占驻上海、青岛、天津、北平、秦皇岛等地。

消息传来，陈嘉庚无比愤慨。9月7日，他以南侨总会主席的名义，致电美国总统杜鲁门，美国参议院、众议院院长，美国驻华代表兼总统特使马歇尔及美国驻华大使司徒雷登，要求美国"迅速改变对华政策，撤回驻华海陆空军及一切武器，不再援助国民党进行内战，以使中国内战得以中止，人民痛苦可以减少"。他在电文中指出："本人代表南洋一千万华侨，特向贵国呼吁，请顾全国际信誉，以日本为前车之鉴，勿再误信武力可灭公理。"他表示，若如此，美国"将为全世界爱好和平之人民所拥护"。9月10日，通电内容由美联社新加坡分社发表。陈嘉庚的正义呼声，在

陈嘉庚在新加坡旧跑马场举行的群众大会上发表演说，反对美国支持国民党打内战

南洋华侨社会引起一阵轩然巨波，被称为"电报风波"。

"电报风波"震动了世界，也震动了国民党反动派。为了打压陈嘉庚，国民党反动派发起"反陈"运动，利用部分华侨不了解情况抹黑陈嘉庚，试图削弱他的威望与政治影响。

然而，他们是不可能成功的。1946 年 9 月 27 日，拥护陈嘉庚通电大会在新加坡中华总商会举行，216 个华侨团体的代表 800 多人参会。李光前、陈六使、黄奕欢等人士在会上发言支持陈嘉庚。大会一致拥护陈嘉庚的正义主张，并决议成立"新加坡华侨各界促进祖国和平民主联合会"。紧接着，全马来亚数百个社团和华侨居住的大埠小镇纷纷召开群众大会、发表宣言、发起签名拥护陈嘉庚。印尼、暹罗、越南、菲律宾等地的华侨社团积极响应，他们致函、通电或派代表到新加坡向陈嘉庚致敬。反对美国援蒋打内战，争取和平民主的浪潮席卷整个南洋。

"拥陈"与"反陈"的斗争在 1946 年 10 月 10 日达到了白热化。这天"反陈"阵营举行集会，表达对蒋介石政府的支持。"拥陈"阵营当然不甘示弱，他们展开了有力的反击。同一天，3 万多名陈嘉庚的支持者在花拉公园集会，呼吁民主，反对独裁。陈嘉庚在会场上慷慨陈词，抗议蒋介石政府撕毁和平协定，悍然发动战争。大会通过提案，分别致电蒋介石与毛泽东，吁请他们停止战争、和平解决纷争等。

"拥陈"阵营一鼓作气，十余天后，又开展了一项规模浩大的"美军滚出中国"的运动。在为期一周的时间里，他们举行了演讲、表演以及座谈会等各类活动，谴责美国无视中国主权，扶持蒋介石打内战，3 万多人联名签署请愿书，要求美军退出中国。

1946 年 9、10 月间，各地侨团及个人致函、致电陈嘉庚表示拥护，有时一天多达百余件。陈嘉庚无法一一回复，只好登报统一致谢。"反陈"与"拥陈"实际上是独裁与反独裁、民主与反民主的斗争。

直到 1946 年底，"电报风波"渐告平息。陈嘉庚后来追述这场斗争时说："马来亚各处国民党人机关及报纸，对余百般攻击，或公开集会，函电交驰，或匿名谩骂，遍贴标语。惟全马诸民主派及劳动界、妇女界、青年人等，愤恨不平，在各处亦召集大会，拥护余之通电，其他侨民表同情者亦众。"

21 我们要办一个大报

9月，秋风微凉。怡和轩俱乐部内，陈嘉庚和平常一样，简单吃过晚饭后，便开始操劳南侨总会的事务。为把更多的精力用在工作上，他常年住在这里。

这时，李铁民与张楚琨行色匆匆地来到俱乐部，二人一坐定，便迫不及待地开口说道："嘉庚先生，因为您公开反对美国支持国民党打内战，这段时间国民党在新加坡的党报以及依附于国民党的媒体企图歪曲事实，对您百般谩骂。"张楚琨率先开口，神情激动。

陈嘉庚平静地听他说完，笑道："随他们骂去吧，公道自在人心。民主胜利要靠大流血，不靠口舌运动。"他总是如此，对自己的得失看得特别轻，对国家民族利益却看得格外地重。

张楚琨愤愤不平道："嘉庚先生，您知道国民党的百般刁难看似是针对您个人的行为，其实是对南洋广大爱国侨胞、民主人士的欺压。"

李铁民向陈嘉庚解释道："现在的主要媒体大部分被国民党控制了，广大侨胞不明真相，被他们的谎言所蒙蔽。如果我们有个大报，就可以发出民主的呼声，唤醒他们，壮大民主力量。"

听了二人的话，陈嘉庚低头寻思。他早年办过《南洋商报》，深知办报纸可不是一件容易的事。筹集资金、招募人才、经营管理等等都是需要解决的问题。而面对国民党的打压，这些问题也会变得更加困难。

事在人为，只要有足够大的决心和毅力。

办报投入大，收益小，很难筹集到资金。为了鼓励大家出资出力，陈嘉庚身先士卒，率先出资 11 万元，占股四分之一。张楚琨和高云览先后拿出 9 万元。股款在万元以上的还有王源兴、李光前等人。经过数次募集，众人共筹措了 40 多万元叻币，成立了南侨报社有限公司。

报纸能否办好，主编是关键角色。关于主编的人选，陈嘉庚心中已有主意。曾经主编过《南洋商报》的胡愈之是不二人选。胡愈之是坚定的民主战士，他从 1940 年开始在南洋活动，支援祖国抗战，与国民党作斗争，当时是中国民盟南方总支部驻新加坡办事处主要负责人。此外，他还有丰富的办报经验，写得一手好文章，主编的《风下周刊》是民主人士为数不多的言论阵地。敲定了主编人选后，其他人才招募便顺利许多。南洋华侨文化界的民主人士听闻陈嘉庚要办报纸，无不额手称庆，踊跃参加，许多人甚至放弃已有的高薪岗位前来加盟。陈嘉庚任董事主席，胡愈之任社长，张楚琨任总理，李铁民任督印，他们坚持不取分文酬劳。

陈嘉庚到报社巡视业务

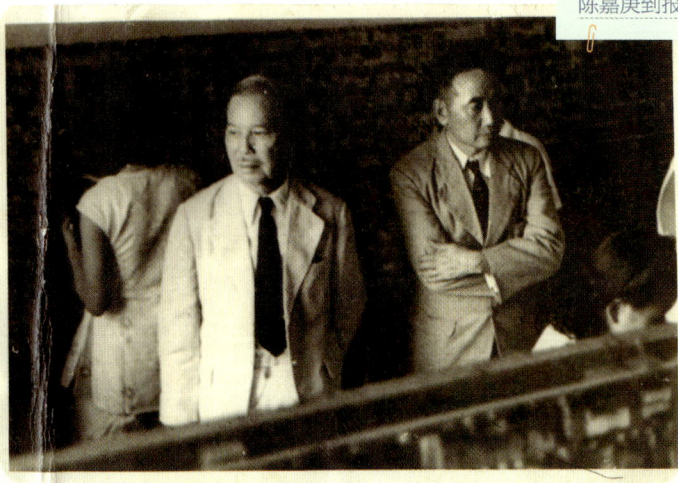

1946年11月21日，第一份《南侨日报》发行了！

《南侨日报》的办报宗旨是："我海外华侨本爱国真诚，求和平建设，兹故与各帮侨领，创立《南侨日报》，其目的在团结华侨，促进祖国之和平民主，俾内战早日停止，政治早日修明，国民幸福早日实现，以达到孙国父建国之主旨。"自此，南洋华侨有了自己的"民主堡垒"。

《南侨日报》有八大版面，设有"中外电讯""本坡要闻""马来亚新闻""祖国要闻""南洋要闻""经济商情""读者园地"以及副刊"南风"和"小世界"，涉及面广，信息丰富。报纸大量地报道和论述国内战局和国际形势，民主运动的发展和挫折，解放区的光明和国统区的黑暗等等，很快成为极具影响力的报纸，第二年增发《南侨晚报》。

陈嘉庚经常在《南侨日报》上针对祖国形势发表富有远见的专论和演讲词。如《论美国救蒋必败》《蒋介石表示不要做总统》《蒋介石"最大的错误"》《中国内战何日告终》等。他毫不客气地揭露蒋介石假民主真独裁的面目，也毫不掩饰地表达对中国共产党领导人民取得最后胜利的憧憬。

周恩来对《南侨日报》的工作十分支持，他知道报社需要专门人才，而曾主笔《救亡日报》《华商报》等报刊的夏衍深受陈嘉庚欣赏，于是推荐夏衍前往新加坡加强这一民主阵地。1947年3月，夏衍抵达新加坡，主笔《南侨日报》。他撰写的社论和《星期杂话》《每日话题》，笔调尖锐，深入浅出，风靡一时。

《南侨日报》是内战时期华侨社会出现的一面民主旗帜，为建立独立、和平、民主的新中国大声疾呼，从舆论上有力地配合了人民解放战争。毛泽东、周恩来、李济深、彭真、邓颖超、章乃器、何香凝等都曾为《南侨日报》题词。

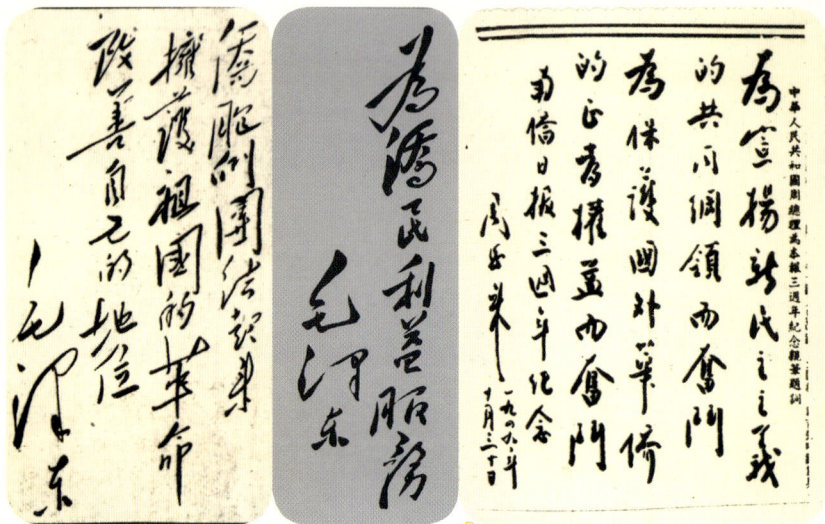

毛泽东、周恩来为《南侨日报》题词

　　《南侨日报》坚持正义，为人民说话，被国民党视为眼中钉而百般破坏。她维护侨民利益，揭发英国殖民政府非法镇压侨胞的残酷行径，受到英国殖民政府的万般打压。朝鲜战争爆发以后，她维护世界和平，严厉谴责侵略行径，参与保卫世界和平签名运动，直接触动了英国殖民政府的利益……

　　1950年9月20日晚，《南侨日报》来不及同读者告别就突然被封停，报社工作人员或被捕，或被驱逐出境。她的生命虽然短暂，却推动了南洋华侨继支援祖国抗战后又一波爱国高潮。正如胡愈之所说："以前南侨是抗日长城，现在南侨是和平先驱，是民主堡垒。"

22 回国参政勤建言

1949 年 10 月 1 日，深秋的北京，微风和煦，气候宜人。

天安门广场上红旗翻动，已是一片红色的海洋。秧歌队甩起手中的红绸，腰鼓队敲响欢乐的鼓点。每个人脸上都洋溢着幸福的笑容，等待着庄严时刻的来临。

陈嘉庚站在天安门城楼上，眼前欢天喜地的盛世场景令他心潮澎湃。他梦寐神驰的时刻即将到来，这一刻，他等待得太久了……

"中华人民共和国中央人民政府，今天成立了！"毛泽东主席向世界郑重宣告着，新中国成立了，一个崭新的时代开启了！

掌声雷动，城楼下的 30 万人民欢呼着，这是中国共产党的胜利，这是中国人民的胜利！

陈嘉庚回想着刚结束的东北考察之行——曾经的满目疮痍如今已是一派欣欣向荣的气象，他欣慰地笑了，心里的一块石头终于落了地。

"是该回家的时候了。"

1950 年 5 月，陈嘉庚在安排好新加坡的各项事务后，告别奋斗了 60 年的新加坡，告别家人与朋友，只身回国，将最后的光和热奉献给他无比眷恋的祖国。

陈嘉庚临行前与家人合影

"中国得救了！一个强大的新中国已经出现。从此，中国再不受帝国主义列强欺凌，这个史无前例的大变化发生在你们这一代，现在你可以抬起头来，你的子孙后代也可以抬起头来。"

——陈嘉庚对五子陈国庆这样说

回国定居后，陈嘉庚历任中央人民政府委员，侨务委员会副主任；全国政协第一届常委，第二、三届副主席；全国人大第一、二届常委，以及全国侨联主席等职。他以主人翁态度，直接参与国家各种重要决策活动和领导工作，为解决与人民群众切身利益相关的实际问题出谋划策。

"我回国不是来做官的，我回国的主要目的是帮助建设。"

1949年9月21日至30日，中国人民政治协商会议第一届全体会议召开，陈嘉庚当选为政协第一届全国委员会常务委员。他在会议期间提交了7份提案，包括：

（一）在全国各中学普设科学馆案

陈嘉庚认为科学建设为国家建设首要，然而国内中学少有科学馆。建议由教育部规定全国中学须专设科学馆并注重数理化各科的讲授。

（二）在沿海各重要地区设立水产航海学校案

陈嘉庚认为我国海产丰富，海岸线悠长，应发展航海业，为国家经济建设助力。建议由教育部或水利部联同在沿海各重要地区设立水产航海学校，培养专门人才。

（三）增加纸烟税率并停止公务人员之配给案

陈嘉庚认为纸烟危害人体健康，他在全国考察的过程中发现，所经各地纸烟极度流行。建议增加纸烟税率，以使逐渐减吸或至戒除；同时取消公务人员的纸烟配给，用其他物品代替。

（四）今后人民新建住宅，应注重卫生之设计案

陈嘉庚认为我国民间住宅空气光线不足，影响人民健康。他调查发现新加坡房屋改良后，国民死亡率有所下降。建议由卫生部或内务部详拟建屋规例，以空气流通，光线充足为原则，颁布各省市通行。

（五）设立各地华侨教育领导机构案

陈嘉庚提出为提高侨教职能，建议于各地特设华侨教育领导机构（或附设各地领事馆内）以资督导。

（六）救济华侨失学儿童

陈嘉庚针对战后南洋各地侨校失学儿童增多问题，建议在广州、汕头、厦门、福州各地设立专校推行义务教育，责成南洋各属主要社团（如商会或省级各会馆）收纳此类失学儿童，年龄限10岁至15岁，尽量保送回国就学。

（七）引致华侨回国投资案

陈嘉庚建议由国家经济部门指定投资方向，组织大众的股份有限公司，向华侨广泛招股。为坚定华侨信心，政府保证在投资初期若干年内，如经营不利，负责保本收回。

陈嘉庚的提案极具可操作性，均获接受，交中央人民政府办理。除此之外，他还在发展文化、改善卫生、促进建设等多方面提出许多有远见、有价值的建议，如固定中文书写统一自左而右横写；发展农村小学、提高农村小学教师待遇；建议在福建增设纺织厂，解决福建人民穿衣问题等。

陈嘉庚讲事实、重调查，他的每份提案、每一个建设性的意见，都是通过他自己的实践和实地调查得来的。他一生数次考察全国，脚步遍及祖国大江南北。

1949 年，陈嘉庚回国参加新政协筹备会，出席开国大典。借此机会，他考察国内 40 余个城市，赴演讲会、座谈会百余场，对新中国前途的发展充满信心。1950 年，全国政协一届二次会议结束后，他由庄明理陪同，先后到张家口、归绥（今呼和浩特）、包头、石家庄、大同、青岛、济南等地，调研经济、文化建设情况。1955 年 8 月，他为了考察第一个五年计划执行情况，走遍 16 个省、自治区的 55 个城镇及其工厂企业，历时 97 天，行程 25000 里。

在参观新疆独山子石油矿区时，陈嘉庚看到矿区新建的职工宿舍结构虽然简单，设备却很齐全，既实用又省钱，值得推广。于是他不顾白天参观的辛苦，当晚就搜集材料，给周总理写信。他还请人画图并复制多份，分发给各大中城市的领导作为住房建筑的参考。

在拜谒黄帝陵和轩辕氏庙时，他发现陵园荒废破损，五万多棵古柏没人照料，任其自生自灭，心痛不已，于是立刻写信给毛泽东，建议设立专责机构，拨款维修，妥善保护。

1953 年，长江流域爆发罕见洪灾，导致严重的粮食危机。1955 年，他两度致函毛主席，建议全国食用较粗糙的"九二""九五"米，以节约粮食，

> ＊"九二""九五"米，即每百斤脱壳的糙米，再加工后得 92 斤或 95 斤米。

在长沙公园巧遇幼儿园孩子

渡过难关。

　　陈嘉庚在南洋长期经营橡胶，熟悉行情，经验丰富。1957年，他在全国政协二届三次扩大会议上发言，建议采购价廉物美的东南亚厚薄绉胶作为工业原料以节省大量外汇。

　　……

　　陈嘉庚每次考察途中发现问题，除了当面建议和批评外，还致函毛泽东主席、周恩来总理和全国人大常委会，在发展文化、改善卫生、促进建设等多方面提出许多有远见、有价值的建议。

　　回国后，陈嘉庚与海外华侨保持密切联系。作为中华全国归国华侨联合会创会主席，他深怀爱侨之心，恪守为侨之责，办好利侨之事，团结归侨、侨眷和华侨，号召海内外华侨参加祖国建设。

　　陈嘉庚热情接待华侨观光团，向他们宣传社会主义建设成就与侨乡变化，解释侨务政策，热心支持他们参与家乡建设。20世纪50年代，他多次阐明华侨在祖国投资是爱国爱乡的表现，并提出办法来引导华侨投资。此后，闽、粤、贵、滇、沪等11个省市分别成立华侨投资公司，兴办实业。1957年，福建省华侨投资公司厦门办事处成立，立即筹资新建、扩建了厦门烟厂、橡胶厂等20多家工厂，使厦门走上生产型城市发展道路。

南侨楼群

　　陈嘉庚关心侨生的教育和成长。为容纳日益增多的归国侨生，陈嘉庚向中央建议创办华侨学生补习学校，很快得到采纳。中侨委拨专款并委托他主持建校工作，他对集美侨校的发展规模、招生计划、师资安排及生活设施等，不仅提出具体建议，还主动承担筹建校舍的任务。1954年1月4日，学校正式上课，至2月20日就有来自泰国、印尼、马来亚、缅甸、菲律宾、日本等国的281名侨生在新建校舍开始了学习、膳宿。陈嘉庚主持建设的南侨楼群如今作为华侨大学华文学院校舍仍矗立在龙舟池畔，其中南侨第十三、十四、十五、十六楼为第三批全国重点文物保护单位。

链接：陈嘉庚的家庭

　　陈嘉庚一生共有4位夫人。

　　原配夫人——张宝果，诞下4个儿子（厥福、厥祥、博爱与博济），3个女儿（爱礼、丽好、爱英）。

　　第二位夫人——吴惜娘，诞下3个儿子（元凯、元济与元翼），3个女儿（亚惠、亚妹、保治）。

　　第三位夫人——叶却娘，诞下1个儿子（国庆），3个女儿（来旺、玛丽、丽珠）。

　　第四位夫人——周氏，诞下1个儿子（国怀）。

23 鹰厦铁路——
福建第一条出省铁路

"全省 12 万余方公里，人民 1200 余万人，竟未有一寸铁路！"陈嘉庚看着地图，深深叹息。福建省山多地少，由于断层地貌多，与邻省多有相阻的高山，交通闭塞。至 1949 年，全省通车里程仅有 945 千米，其中有 18 个县境内没有公路，28 个县虽有公路却不能通车。

交通不便，经济发展势必受阻。福建省要如何发展，厦门要如何发展？

1950 年 6 月，陈嘉庚在全国政协一届二次会议上大声疾呼："这种落后局面必须迅速改变。"他建议修建一条福建铁路的提案获会议通过。然而，百废待兴，国家财政极为困难，又遇上抗美援朝这桩国家头等大事，修铁路的事被暂时搁置。陈嘉庚见铁路之事仍无动静，心里着急，提笔给毛泽东主席写信。毛主席接信后作了批示："此事目前虽一时不能兼顾，但福建筑路的正确意见，当为彻底支持。"

1953 年初，全国政协一届四次会议后，周恩来总理召集陈嘉庚等 20 余名京外委员开会，向大家报告了第一个五年计划（1953—1957）的重要建设项目，其中就有修筑昌厦（南昌—厦门）铁路的计划。陈嘉庚看到盼望多年的福建铁路计划将要成为现实，心情非常激动，回到福建后，立即向福建省委、省政府传递了这一喜讯，还亲赴闽西、闽南进行实地考察。

不久，周总理发来电报，将 3 条设计路线的查勘情况向陈嘉庚作了介绍，经过对比论证，选定自江西鹰潭经闽北、闽西向闽南，厦门为终点的方案。周总理认为这样对福建经济发展大有裨益，向陈嘉庚征求意见。陈嘉庚欣然同意。

1953 年 7 月，从鹰潭至厦门的勘测选线草测设计工作完成，正式定名为"鹰厦铁路"。而之所以把福建铁路的终点选在厦门，则要从厦门海堤说起。

在没有大桥通往岛外的时候，厦门就是个孤岛。高崎和集美之间靠小船摆渡，潮汐涨落很大，过渡困难，时间也受到严重限制，无论是对厦门的经济建设还是海防、国防都很不利。因此早在 1950 年，陈嘉庚就与当时的厦门市市长梁灵光讨论过，想要修建一条厦门出岛海堤。

这一天，梁灵光来探望，陈嘉庚向他建议道："若能在集美和高崎之间的海峡修一条海堤，上面可以通行汽车和火车，把厦门岛同大陆连接起来，这样可好？"

梁灵光点了点头，"陈老这建议虽好，但这种开山取石、移山填海，变厦门岛为半岛的计划，工程量浩大，技术又复杂，在我国交通史上可是尚无先例啊！"

陈嘉庚语重心长地说："英国人修了一条石堤，把新加坡同马来半岛连成一体。他们能办到的，我们为什么不能？"

梁灵光在马来亚吉隆坡中学任教时曾乘火车经过那条海堤，略一思索也认为是可行的。回去后，他立刻向福建省委第一书记兼省长叶飞汇报，叶飞极表赞同。华东局书记、华东军区司令员陈毅到厦门视察听取汇报后，表示完全采纳这个建议，并上书毛主席，建议修建厦门海堤，也得到了批示。

由于经费问题，海堤项目几经波折才终于落实，如今款也拨下来了，有 1300 多万元。工程初步设计完成以后，陈嘉庚曾提出两条意见：一是要将堤面加宽到 25 米，以备将来建设双轨铁道线；二是公路与铁路立交，以适应未来厦门经济发展的需要。然而这两条极富远见的意见均因苏联专家的反对而未被采纳。

1954年1月，高崎—集美海堤（高集海堤）全面施工。工程部先后动员近万名闽南地区的工人、农民和干部投入战斗。大家冒着被国民党飞机轰炸的危险，发挥出了伟大的建设力量。采石工人靠铁锤钢钎和炸药，从石山采下大量石料，搬运工人使用一辆辆板车从崎岖的高山和悬崖峭壁上把大量巨石运往海边，船工驾驶着木帆船，把巨石运往指定的海堤作业线……

冬冒寒风夏顶烈日，一年多的日夜奋战，大家齐心协力，闯过一道又一道难关。他们用双手挖掉了十来座山头，在波涛汹涌的海峡上筑起了一条长2212米，顶宽19米的长堤，上演了"精卫填海"的现代神话，创造出中国建筑史上的奇迹。工程于1955年9月竣工。为纪念福建人民跨海筑堤的创举，朱德元帅亲笔题下"移山填海"四个大字。

"移山填海"石碑

在高集海堤即将竣工的时候，中央批准了修建鹰厦铁路，铁道部选线的工程技术人员和苏联专家到厦门，研究铁路从漳州入厦门的路线问题。当时从角美到集美的路段，原计划由角美，经灌口、后溪，绕过杏林湾外围抵集美，衔接高集海堤进入厦门。陈嘉庚认为这样"绕海"不妥，他建议在杏林与集美之间修筑一条长堤穿过杏林海湾。建海堤虽然要多花169万元，但里程却缩短了9千米，10年就能省下运费198万元，而且还可以围垦良田31000亩。中央立即派测量队进行勘察、设计，施工。但是，苏联专家却不同意改道。陈嘉庚经过周密的调查研究，于1955年4月写报告给周总理，分析工程可行性及具体措施。他的报告实事求是、符合实际，中央最后批准了他的方案。杏林一集美海堤工程于当年10月开工，1957年1月竣工，全长2820米，顶宽19米。

火车驶过厦门海堤

"如果说厦门海堤是移山填海，那么鹰厦铁路就是劈山修路。"叶飞曾这样说。

1954年12月，铁道部决定鹰厦铁路的修建任务由王震将军率领的铁道兵部队承担。1955年2月，工程正式动工，10万铁道兵部队入闽。福建地方全力支援，10万民工配合抢修。

铁路绕山爬坡，炸石开路，隧道多、桥梁多，工程十分艰巨，如果不是铁道兵部队艰苦奋斗，克服各种困难，工程是很难按时完成的。而10万多民工担负着全线七成以上的路基土石方工程，所起的作用同样是不可低估的。山坡上的泥块不好运，他们创造了"秋千运土法"，仿效过年时家乡切糯米年糕时用麻线分割的方法，用铁线夹把黏土一块块切下。松石上的钢钎不好打，他们创造了"弓力单人打钎法"。炸药威力不够大，他们学会了"蛇穴挖洞法""放葫芦炮法"……

筑路大军艰苦奋战 22 个月，沿途打通 46 个隧道，构筑近 2000 座桥梁与涵洞。1956 年 12 月 9 日，鹰厦铁路的最后一根铁轨铺到了厦门，全长694 千米的鹰厦铁路正式通车，比原定计划提前一年完成，这个速度在我国铁路建设史上是罕见的。福建省终于结束了"路无寸轨"的历史！

"国家之有铁路，为人身之有血脉，缺乏铁路交通的地方，百业不振，文化落后，正如人身患了麻痹，生活的机能必为损失。"

1957 年，全国人大二次会议在北京召开，陈嘉庚在大会发言中畅谈修建鹰厦铁路的重要意义。毛主席风趣地说："鹰厦铁路通车，三个姓陈的都高兴啦！"鹰厦铁路不但凝结着陈毅、陈绍宽、陈嘉庚三位陈姓人士的心血，更是无数铁道兵与民兵用血汗筑成的福建交通大动脉，为福建的经济发展注入了巨大的活力。

24 扩建集厦两校

1950年3月的一天，窗外吹来温暖而潮湿的夏风，卷起桌案上的几页信纸。"集校必须政府接办，现倒校舍，方能恢复，优待学生，乃能办到，新科学乃能扩大……"陈嘉庚略显沉重地放下笔。

经历多年战火的集美学校，惨遭日军和国民党军队的炮击，校舍严重破坏，生员大幅下降，要恢复和发展必须筹集大笔资金。1950年，陈嘉庚决定无条件将集美学校献给政府。党和政府考虑到集美学校的悠久历史和在海内外的声誉，希望陈嘉庚维持集美学校私立名义，而由政府予以部分补助。陈嘉庚慨然接受，并向海外亲友筹措经费，努力扩建学校。

不久，因朝鲜战争爆发，橡胶价格暴涨。陈嘉庚的族亲陈六使和女婿李光前因经营此业而获得丰厚利润，陈嘉庚决定从三方面着手筹款：向李光前筹措600万港元用于厦门大学的修扩建；调回与李光前合营的几家企业的盈利，用于承担集美学校公用事业的经费，包括集美医院、图书馆、科学馆、电厂和自来水厂等；其余集美学校经费拟请陈六使承担。然而，由于陈六使的橡胶园遭遇火灾，这部分修建资金改由国家给予资助。

资金一落实，陈嘉庚即从惠安等地招聘大批建筑工人，高峰时在集美的工人达1300多人，在厦门大学的工人达1800多人。他还在龙海设立砖瓦厂，在集美、厦大工地开办壳灰厂，在花岗岩产地海沧吴冠、后溪沙美等

★ 贝壳灰，亦称"壳灰"。利用牡蛎、蚶、蛤等的贝壳（含有90%以上的碳酸钙）代替石灰石为原料烧成的石灰。产于沿海地区，用作建筑和工业材料。

地办多家石料厂。学校的修扩建工程就这样轰轰烈烈地开始了，从规划、设计、备料到施工，陈嘉庚都亲自过问，甚至连用什么料、怎样雕刻的技术问题也不放过，精打细算、一丝不苟，人们都称他为"超级总工程师"。

"校主早！又来视察工地啦！"在工地上忙碌着的工人挥手招呼着。

只要人在集美，每天一早，年近八旬的陈嘉庚就戴着毡帽，拿着手杖，出现在工地上，日复一日、风雨无阻。他的身后常跟着建筑工程师、施工负责人、木匠师傅、石匠师傅等人，步行几里地，巡视、检查、指挥。当时政府为他安排一部专用小轿车，但是在视察工地时，他从来也不乘坐。

"视察工地乘汽车如同走马观花，步行就有许多好处：第一，能对每个工地观察得仔仔细细，充分地了解整个工程的情况，不符合施工要求的可以及时处理，确保工程的进度和质量；第二，步行是锻炼身体，能增进体质。让你来协助管理集美学校的基建工程，工地的第一手资料你都要掌握的，年轻人要能吃苦。"陈嘉庚停下来对身旁陪同他视察的堂侄陈仁杰说。

陈嘉庚不仅对自己要求很高，也很注意对工作人员进行现场考核。刚巧他们身旁有一根刚砌好的柱子，于是他用拐杖指了指柱子问："你知道那根柱子需要用多少块砖头吗？"

陈仁杰答不出来，一下涨红了脸。

陈嘉庚严肃地说："你还年轻，要努力学习才能担当重任。对于一间房屋所需要的材料都要仔细计算，比如，一根柱子需要用 800 块砖头，1 平方米的墙约用 64 块砖头。一间房屋有多少平方米，有多少根柱子，一计算就知道，便于安排材料进场和进行施工。"说罢，他又给陈仁杰布置了每天抽出两小时参加工地劳动的"作业"。在陈嘉庚的严格教导和培育下，陈仁杰迅速掌握了建筑管理业务，接手了集美学校建筑部主任的重任。

从 1949 年至 1961 年，陈嘉庚筹措资金 575 万元，为集美学校扩建了 16 万平方米的校舍，是之前校舍总面积的三倍以上。此时的集美学校建设，又一次进入了黄金时期，新建了大批校舍和公共设施，扩充了图书馆、科学馆、医院，新建南薰楼、道南楼、海通楼、福南大会堂等，还有海水游泳池、淡水养鱼池、各种实习工厂等。

1959 年落成的南薰楼，是当时福建省最高楼。1963 年竣工的道南楼是陈嘉庚亲自主持兴建集美学校校舍的最后一座建筑，充满典雅的复古风情，为集美学校嘉庚建筑画上一个圆满的句号。南薰楼与道南楼，美轮美奂，魏峨挺拔，静静地伫立在龙舟池畔，成为集美学村的标志性建筑。

1950 年 12 月，厦门大学建筑部成立，这位"超级总工程师"又来到了厦大，亲自主持扩建工程。

有一次，陈嘉庚到南安楼工地视察，副校长陆维特带了几名侨生与基建科同事陪同，一同站在郑成功曾镇守海疆的镇北关山上。陈嘉庚见到几位远涉重洋回国求学的侨生非常高兴，兴致勃勃地指着正在兴建的物理大楼说："我希望在这座楼里，培养出一批物理学家，为祖国建设作出贡献。"

接着，他把手杖高高举起，向三面环山一面临海，方圆约 5 千米的厦门大学校址指点着说："你们看这里还有好多空地，四周还可以建筑几十万平方米的校舍，中间盆地可以建一座美丽的校园。"他讲到这里，若有所思地说："我要完成这个大业，我完成不了，有我的儿女，有我海外的亲友，更重要的还有我们强大的新中国。"

由于当时台海关系紧张，扩建前有人担心在海防最前线修建高楼大厦是否合适，这位"固执"的老人回答也十分干脆，他说："敌人一边炸，我们一边修，今天被炸了，明天再建造起来！"

从 1951 年到 1954 年，由陈嘉庚筹募经费、指导设计、监督施工的厦门大学建筑面积共 62600 平方米，计 31 幢建筑，包括建南楼群、国光楼群、芙蓉楼群、丰庭楼群以及厦大医院、海水游泳池、运动场等。建南大会堂的座位近 5000 个，是当时全国高等学校规模最大的礼堂。建南楼群巍峨壮观地耸峙山岗，以建南大会堂为中心，南安楼、成义楼与南光楼、成智楼分列两边，5 座大楼弧形排开，面向大海，环抱美丽的卜弦场。所有船只从东海一进入厦门港，远远就可看见这组气势不凡的建筑群。

链接：嘉庚建筑

嘉庚建筑指的是陈嘉庚创办集美学校和厦门大学所建造的近百栋具有中西合璧风格的校舍和公共建筑，庄重典雅、美轮美奂，在近代建筑史上独树一帜。嘉庚建筑集中了闽南地方建筑特色、中国传统建筑精华和欧亚建筑优点，形成以中式屋顶、西式屋身为主要特征的鲜明个性，其空间上注重与环境的协调，结构上多以"一主四从"的团组形式出现，巍峨挺拔，气势恢宏。

1984 年 7 月，著名园林建筑家陈从周对嘉庚建筑给予高度评价："具有厦门地方性的陈嘉庚风格建筑，在近代建筑史上有其不可磨灭的地位，今后要定为宝贵文物来保护。""陈嘉庚先生的思想和艺术境界的主导思想是乡与国，乡情与国思跃然于其建筑物上。""嘉庚建筑"由此得名。美国后现代建筑大师迈克尔·格雷夫斯赞叹嘉庚建筑为"最具世界经典的建筑之一"。

2006 年 5 月，集美学校与厦门大学早期嘉庚建筑被列入第六批全国重点文物保护单位。这批建筑包括位于集美学村内的尚忠楼群、允恭楼群、南侨楼群、南薰楼群、科学馆、养正楼以及位于厦门大学思明校区的群贤楼群、芙蓉楼群和建南楼群等 32 栋嘉庚建筑。2016 年 9 月，集美学村与厦门大学旧址又入选"首批中国 20 世纪建筑遗产"名录。

25 龙舟池上赛龙舟

"嘭！"发令枪响，震耳欲聋的鼓声随即传来，龙舟池上并行的龙舟如箭离弦，飞速地向对岸划去。

"加油！加油！"两岸的观众兴奋的欢呼呐喊声一浪高过一浪。

又是一年五月初五。

端午节，既是传统节日，更是龙舟运动的好时节，家家户户"悬艾、插蒲、挂榕技"。"别舨舳"是闽南话的"飞龙舟""赛龙舟"，集美的别舨舳文化可谓历史悠久。

"集美的陈氏先祖几百年前就开始在村西面的海湾用渔船别舨舳啦。每年五月初五别舨舳之前，渔民还要到海边的龙王宫祭拜龙王爷哩！"一位村里的老者捋着胡须，慢悠悠地讲起了集美龙舟赛的历史。

早年间，为了夺标取胜，集美人从各房角挑选出少壮渔民，组建自己的代表队，并且特造了身似龙体、可坐18人的梭形参赛小舟。这龙舟航行于厦金海域，参加竞赛屡屡夺标，称雄闽南沿海。时光荏苒，沧海桑田，渔村的西海湾渐渐变成了浅海滩涂，集美别舨舳的场所移到了集美的东海边。后来因为瘟疫流行，集美人衰体弱，别舨舳逐渐衰退，直到抗日战争与解放战争中，遭受炮火的集美渔村再也无暇举办别舨舳。

陈嘉庚回国定居后，为了提高家乡人民的身体素质，大力推广水上运动。他说："昔日的别舲舳为了风头夺锦标，当今我们提倡的赛龙舟是为了锻炼身体增强人民体质，是为了赛团结比风格。"

陈嘉庚主持集美学校第七届龙舟竞赛大会（1957）

1950 年，陈嘉庚根据集美的地理条件，设计在集美半岛南端筑堤围垦，建成内、中、外三个毗连的小池。1955 年 5 月，东西长 800 米、南北宽 183 米的外池建成，是我国第一个龙舟竞技赛专用人工池。池畔四周建有数座仿古建筑的琉璃瓦顶楼台、廊庑和亭榭。此后，龙舟赛开始在这里举行，南辉亭为赛区指挥中心。

自 1951 年至 1961 年的 11 年间，陈嘉庚为发展集美学村水上体育运动不遗余力，还亲自主持了 7 届龙舟竞技大会。他将每年端午节龙舟赛从东海赛场引入龙舟池，并新造一批龙舟投入使用。龙舟赛、水上抓鸭子等传统活动吸引着成千上万的师生和附近的工人、农民，不仅传承了端午节的传统文化，也促进人民身心健康，为集美学村水上体育运动的发展奠定基础。

抓鸭子（1957）

★ 每年端午节，厦门开展"抓鸭子"的娱乐活动。这是一种考验人们体力、毅力和技巧的民间体育竞赛。赛场在水上，一根涂满油剂、长达十多米的木头柱子的末端安装着一个盛有鸭子的木箱。木箱上有一活门，柱子一头固定在岸边，一头腾空平伸向海里，参赛者必须赤脚走向这根柱子的末端，拍开小木箱的活门，当鸭子掉进海里时，再跳到水里将它抓上来。目前有的地方为节约时间，省去了木箱，只在横杆末端立标志杆，只要参赛者碰到标志杆，就放一只鸭子入水，让其去抓。

集美龙舟赛

改革开放后，集美龙舟赛在政府的扶持下进一步发展。

1985年，海内外集美校友为缅怀校主陈嘉庚，把集美龙舟赛冠名为"嘉庚杯"龙舟赛。

1987年，我国首次举办的国际龙舟赛——"嘉庚杯国际龙舟邀请赛"在集美举行。集美龙舟赛开始成为我国对外文化友好交流的桥梁。

1995年，为纪念二校主陈敬贤，增设"敬贤杯"。"嘉庚杯"为男子组总决赛奖杯，"敬贤杯"为女子组总决赛奖杯。一赛两杯，各具内涵。

2006年，首届"嘉庚杯""敬贤杯"海峡两岸国际龙舟赛开赛，台湾地区派出台北、嘉义、金门和厦门台商代表队等7支队伍参赛。比赛期间配套活动内容十分丰富，除了传统的抓鸭子活动外，还在龙舟池畔举行了为期一周的海峡两岸美食文化节，以及舞龙、舞狮、腰鼓等群众性文化体育项目，十万中外游客冒雨争睹这场厦门有史以来规模最大的龙舟赛盛会。

近年来，随着"嘉庚杯""敬贤杯"海峡两岸龙舟赛暨龙舟文化节的连续举办，集美龙舟赛的影响越来越大。对弘扬保护、延续民俗文化，增进两岸乃至世界的龙舟文化交流，都有很高的历史价值和现实意义。2009年，集美龙舟赛被列入厦门市市级非物质文化遗产代表性项目名录；2017年，被列入福建省省级非物质文化遗产代表性项目名录。2022年，"嘉庚杯""敬贤杯"海峡两岸（集美）龙舟赛入选"2022中华体育文化优秀项目"。

26 一生节俭的千万富翁

"金玉非宝，节俭是宝。陈毅同志是中央首长，又不是小孩子，至多拿一两块糖果吃，哪里需要这许多，买两毛钱的就够了，一元钱太浪费了！"刚送走了陈毅不久，办公室里就传出陈嘉庚责备的声音。原来是他在批评后勤人员为招待客人准备了太多的糖果。

"该花的钱，千万百万也不要吝惜。不该花的钱，一分也不要浪费啊。"他望着窗外的校舍，语重心长地说。

陈嘉庚就是这样一位节俭的老人，即便是他经商盈利最多的时候，也是如此。

陈嘉庚的五子陈国庆就曾这样回忆："我读书的时候，母亲买了一条领带给我，父亲看见了，斥责浪费，不许我用。一直到我自己创业时才又买了领带。家中一套家具，用了十多年已老旧，母亲向他要钱换一套新的，也被斥责太过浪费。"

而提到父亲时，陈国庆的眼神里又充满了崇敬与心疼："他是一个很节俭的人，平日身上的现金不超过五元。我所知道的，他只看过一部电影，是在新加坡首都戏院看的，那是一部为筹赈会义演的电影。他的餐食也很简单，早餐是一杯牛奶，三个半熟鸡蛋，晚餐则是一碗白饭、一碗地瓜粥、一块红豆腐乳而已……"

时光荏苒，岁月变迁，却不曾改变陈嘉庚一贯简朴的生活习性。

人民政府给陈嘉庚的工资是三级，每月390元，加上地区补贴共计539.8元，他却把自己的伙食标准定为每月15元。他说："按现在标准，农民每月6元，工人每月8元，干部每月10元，我每月15元就算很高了，不能再特殊了，把节省的钱可用在办学上。"他每日的饭菜仍不外乎地瓜粥、花生米、豆干、腐乳加上鱼。即使招待客人也只是简单的家常菜，陈毅、方方、蔡廷锴等人都尝过他特备的海蛎煎、炒米粉和芋头猪脚。

> ★　陈毅（1901—1972），无产阶级革命家、军事家、外交家，中国人民解放军创建人和领导人，中华人民共和国十大元帅之一。曾任中华人民共和国国务院副总理、中共中央军委副主席、中华人民共和国外交部长、上海市人民政府首任市长。
>
> ★　方方（1904—1971），中央统战部副部长，国家华侨委党组书记、副主任，全国侨联副主席。
>
> ★　蔡廷锴（1892—1968），中国爱国民主人士。1949年出席全国政协第一届全体会议。后历任中央人民政府委员、国防委员会副主席、国家体委副主任、第四届全国政协副主席、民革中央副主席。

位于嘉庚路149号的陈嘉庚先生故居建于1918年，是陈嘉庚、陈敬贤及家眷回国时生活与工作的住所。抗战期间，该楼宇被敌机轰炸，无法居住。陈嘉庚坚持先修校舍，而暂缓修复住宅。1950年至1958年，他一直居住在兼作集美学校校董会办公室的诚毅楼。1958年，他才搬入修复后的住宅。走进他的居室，目光所及都是陈旧的家具，简陋的用品，朴素得令人难以置信，客厅中摆着一对新旧不对称的沙发。别看这是个旧沙发，当年还是从上海托运回来的呢！陈嘉庚早年就有腰部酸痛的毛病，不能伏在书桌上久坐写字，只好坐到沙发上靠着写。但沙发的扶手是圆面的，不好写字，就托上海集友银行经理邱方坤代买一把扶手是平面的旧沙发，还特地叮嘱："只买一把就够，不要两把。"不久，还真的被邱方坤找到了。陈嘉庚特别喜欢这旧沙发，拿来一块木板，放在平稳的扶手上，当桌面使用。许多为了扩建两校争取资金的信件就是在这张"书桌"上写的哩！

新旧不对称的沙发

陪伴陈嘉庚工作的"小烛台"

在陈嘉庚的办公室内,还有一个不"和谐"的物品,就是一盏破旧的"小烛台"。

集美学校建有电厂,供学校使用,每到夜里 10 点就停止供电。陈嘉庚为国家与家乡建设,日夜操劳,常工作到深夜。停电后,他就点上一盏煤油灯照明。这天停电后,他正想点灯,却一不小心将灯打破了。为了继续工作,他就找来一个被弃置的破瓷杯倒放在桌子上当"烛台",点上了蜡烛。身边的工作人员看见了,就劝说,"陈老,您这儿的来客多为首长、外宾等重要客人,这小烛台也太不雅观了,给您买一盏新的换上吧?"陈嘉庚不以为然,"一盏烛台而已,能用就好,钱不要浪费啊。"

比起办公室,陈嘉庚的卧房内就更显"寒酸"了。

床上的一条蚊帐先后用了十多年,一补再补,补了几个大补丁;衣柜里的一件黑色棉背心,抗战期间就穿着,回国后,连棉絮都露了出来,还舍不得丢掉;仅有的几件衣服里,除了两三套较好的外出当礼服用以外,其他的都穿了多年,处处是补丁;从新加坡带回来的两只旧皮箱,其中一个提手皮带断了,他就结上麻绳代替,另一个箱盖皮裂开了,也继续用着……

1955 年,陈嘉庚的大女儿陈爱礼从南洋托人给他带回了一把丝质雨伞,用了两年,伞布都破了,他先后叫侄媳妇补了三四次。直到第二年伞布已经烂得不能再补了，才叫侄媳妇买了新布换上。侄媳换好送来，羞愧地说："这伞我换得不太像样！"陈嘉庚接过伞看了看说："没关系，能用就行了。"

陈嘉庚在家中节约，出门在外也是能省则省。

扩建厦门大学时，陈嘉庚定期到厦大工地督促检查。当时海堤还未筑成，国务院机关事务管理局要拨给他一艘小交通艇和一辆小汽车，他不肯接受，照旧乘坐客轮，有时还需要乘坐只能容纳十多人的又小又浅的木头船。直到1957年，经多次劝说后，他才勉强收下了小汽车。

就是这样一位勤俭节约的老人，将他的千万资财献给了教育事业，献给了他一生挚爱的家乡与祖国。

27 念念不忘祖国统一

在鳌园的众多石刻中，有几幅特殊的地图，引人注目。在"博物观"影壁背面的最上方是一幅世界地图，两边配有"拥护世界和平 推行社会主义"的短联，下面排列着四幅地图，从右到左依次是中国地图、福建省地图、台湾省地图和同安县地图。这几幅地图与其说刻在影壁上，不如说是装在陈嘉庚的心里。他的心里装着世界和平，装着祖国的前途，装着故乡的发展，也装着与故乡隔海相望的台湾。

陈嘉庚对国家、民族的尊严极为珍视，决不容忍任何有损祖国主权、民族利益的行径和事件。

1950 年 6 月 25 日，朝鲜战争爆发。10 月，中国人民志愿军入朝鲜参战。陈嘉庚响应中央政府的抗美援朝政策，鼓励华侨积极参加抗美援朝运动，并捐款支援。1953 年，抗美援朝战争胜利，陈嘉庚为这伟大的胜利欢欣鼓舞，他说："抗美援朝意义的重大，不亚于当年的抗日战争。"

陈嘉庚与印度总理尼赫鲁关系很好。印度独立前，尼赫鲁曾经到过新加坡，向印度同胞宣扬民族主义解放，受到陈嘉庚的支持与资助。尼赫鲁访问中国时，陈嘉庚也出席了周恩来总理为他举行的欢迎宴会。然而，两人的友谊却在 1959 年戛然而止了。因为尼赫鲁政府公然干涉中国内政，煽动西藏叛乱，染指我国领土。4 月 24 日，陈嘉庚在全国人民代表大会上发言，谴责尼赫鲁的侵略行径，他愤慨地说："中国人民过去不允许日本帝国主义制造所谓'满洲国'，今天同样不允许帝国主义者和一切反动派制造所谓'西藏独立'！"

"中国人民建立了自己的人民政府，执行其解放台湾的任务，这是天经地义的事，中国人民有权这样做，绝不容许外国干涉！"

长期以来，祖国的领土完整、台湾的回归，都是陈嘉庚耿耿于怀的大事。他热烈拥护党中央关于台湾问题的决策与声明。他在政协会议上大声疾呼，他在中华全国归国华侨联合会的成立大会上强烈号召，他对报章媒体慷慨陈词，要在毛泽东主席旗帜下，在祖国统一的事业上，贡献一切力量。

他说，"厦门与台湾隔海相望，一苇可渡，当年郑成功从厦门跨海东征收复台湾。1683年，清政府统一台湾，使她成为福建的一个府。我21岁那年，甲午海战，清政府把台湾割让给了日本，福建无异于被割去一臂。"

他说，台湾是中国的领土，台湾回归是我们的内政问题，任何人都不能否认这铁一般的事实。

他说，全中国人民都关心台湾的回归，闽南人尤其关心台湾的回归，因为台湾同胞当中，很多是他们的血亲。

他说……

这位爱国老人如此眷恋着他的祖国，心心念念盼望着统一。他特让人将台湾全省地图雕琢于集美鳌园石壁上，附文如下："台湾史略：台湾为我国东南一大岛。唐宋间，闽粤人民逐渐移殖构成该岛大部分之居民。明季曾被荷兰侵占，后郑成功起兵逐之。自是人民移殖者益众。清初收隶福建，清季改省。甲午战败，全岛沦为日属，被陵轹者五十年。第二次世界大战结束，依开罗宣言与波茨坦公告台湾归还中国。解放胜利后一时为美帝国主义者支

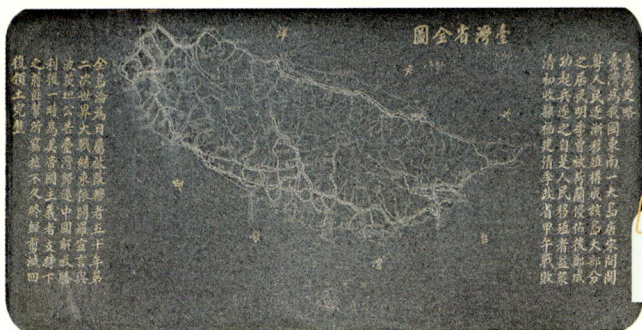

鳌园线雕
《台湾省全图》

持下之蒋匪帮所窃据，不久终归剪灭，回复领土完整。"

　　1961 年 6 月 19 日，陈嘉庚对围在病床前的人一字一顿地说："人有一次死，早死晚死不要紧，最要紧的是国家……我们应尽早解放台湾，台湾必须归中国。"讲完了这段话后，他如释重负地说，"我的事情都交代好了，很安心。"

　　1961 年 8 月 12 日，陈嘉庚走完了曲折而光辉的一生。鞠躬尽瘁，死而后已。

28 与毛主席交往的二三事

"东方红，太阳升，中国出了个毛泽东。"高亢嘹亮的陕北民歌唱出了人民群众对毛泽东主席与中国共产党的深情。

在陈嘉庚的心目中，毛泽东就是中华民族的大救星。"文武才干，英明智慧，不但为我国历史所未有，亦为世界所仅见。"他对毛主席如此敬仰。

延安初相见

1940 年 6 月 1 日下午，杨家岭的窑洞前，两双手紧紧地握着，对视的眼神难掩激动之色。原来是远道而来的陈嘉庚与热情迎接的毛主席。毛主席敬重陈嘉庚，对他的爱国事迹颇有了解；陈嘉庚也早就听闻中国共产党里有许多了不起的人物，毛主席就是其中最杰出的那个。

陈嘉庚悄悄打量起这位共产党的领导人，见他身着粗布军装，头发略长，面容消瘦，不禁露出担忧的神色。

毛主席不甚在意地说："身体状况不是特别好，两个月没有理发啦！"

"或许是因为住在窑洞里有些寒冷吧！"陈嘉庚心里想着。走进毛主席办公的窑洞，他更加惊讶。环顾四周，他发现这里和自己住的那个窑洞差不多。洞内靠墙摆了十几把形状各异的木椅和一条长凳，靠窗户光线好一些的地方摆着一张比学生课桌稍大些的写字木桌，都是乡民中家常用的旧式家具。桌上摆放着两摞书和笔墨纸砚，墙上挂着一幅地图。简单，甚至可以说有些简陋。

陈嘉庚的眼前闪现出重庆那些达官贵人的豪华宅邸和满身的珠光宝气，鲜明的对比使崇尚节俭的陈嘉庚对第一次见面的毛主席一下子产生了认同感与亲切感。

他忍不住关心道："这窑洞实在寒冷，为何不另外建住屋？如果敌机来犯，再进这窑洞也好。"

毛主席笑了笑说："正有此打算。"

见陈嘉庚仍是担心自己的身体，毛主席又解释道："我习惯在入夜后处理公事，有的时候，公鸡打鸣了我才睡觉哩，都已经成习惯啦！所以啊，平日里要睡到下午才起床，这才约您在这个时间相见啊！"

寒暄一番，陈嘉庚和毛主席的会谈进入正题，主要是围绕着两个中心，抗战及国共合作。陈嘉庚正色道："我对国共两党最大的希望，一是要坚决抗战，把日寇赶出中国去；二是要国共合作。兄弟间的一切摩擦，都要等打败了日本后再解决。"

毛主席点点头，"陈老说得是，我们共产党一定会从大局出发，一切都为了抗日救国。我们是十分重视两党团结问题的，然而一味地忍让也并非良策。对国民党中的顽固派，如果不经过斗争，就达不到团结抗战的目的。"

陈嘉庚听罢也无奈地叹了口气，然而看到共产党领袖如此深明大义，他心中的不安也稍有缓解。

不一会儿，几个男女侨生相继来到，他们进来后就随意坐下，无拘无束地参与谈话。傍晚时分，朱德、陈绍禹夫妇也来了，并未有人起立行礼。陈嘉庚没有想到，孙中山提倡的民主平等在重庆没有看到，在这里却得到了实行。这样的军民关系，让他十分欣慰。

1955年，陈嘉庚重返延安，回忆当年与毛泽东初识的场景

双方一番交谈后，彼此有了更深入的了解。晚饭时间到了，宴席摆在院子里，一张圆桌面置于石头方桌之上，陈旧的桌面凹凸不平，就取来四张白纸代替桌巾，不巧被一阵风吹走了，索性"桌巾"也不用了。十几个人围坐在一起，饭桌上有的只是延安比较稀少的白米饭、一些青菜和一碗鸡汤。

毛主席有些惭愧地对陈嘉庚说："陈老请多包涵，我没有钱，这菜是我们自己种的，这鸡是村中老大娘知道我有远客，特意送过来的，不然她都舍不得吃这下蛋鸡哩！"

晚餐轻松而自在，毛主席的风趣和朱总司令的豪爽都令陈嘉庚觉得这更像是一次老友聚会。他不禁想起了美国记者斯诺在《西行漫记》中写到的那句话："从最高级指挥员到普通士兵，吃的穿的都一样。"

在延安短暂停留的几天里，陈嘉庚与毛主席多次会面，共进午餐或晚餐。两人从中国共产党的政策谈到抗战主张，从各地奔赴而来的热血青年谈到延安城的各式教育。每次谈话都意犹未尽，只叹相见恨晚。陈嘉庚由衷地庆幸自己坚持来到了延安，他下定决心，要向外界说明真相，要向大家讲述真实的延安、真实的毛泽东、真实的中国共产党。

1940年6月8日，陈嘉庚惜别延安，而与毛主席延续21年的深厚友谊才刚刚开始。

庆安全归来

1945 年 8 月 15 日，日本宣布无条件投降，战争结束。喜讯传来，陈嘉庚笑逐颜开，立刻着手准备动身返回新加坡。虽然早在这年 4 月 5 日，日本内阁首相小矶国昭辞职，由退休的海军大将铃木贯太郎继任时，他已经预料到日本即将投降，但这一天，还是等得太久了！

10 月 6 日，陈嘉庚从印尼乘飞机回到新加坡。飞机降落，他甚至来不及回家看一眼，就直奔怡和轩俱乐部。被敌人占用了 3 年多，俱乐部内的物品损失惨重。不一会儿，陈嘉庚的老友们闻讯接踵而至，祝贺他虎口脱险、平安归来。劫后余生，大家互相叙说着这几年的经历，一时间百感交集。三子陈博爱的病故、四女婿温开封的遇难与日军铁蹄下侨胞惨遭的磨难，都令他悲痛万分。

10 月 21 日，为庆贺陈嘉庚的安全归来，一场盛大的集会在中华总商会举行，新加坡 500 个社团代表纷纷参会。会上，陈嘉庚分享了自己的政治观点，他认为"内战不可避免"。他提出，日本是"七七事变"的罪魁祸首，但现在仍逍遥法外，要求我国政府"严惩此寇"。

陈嘉庚安全返回新加坡的消息传到了国内，万众欢腾。11 月 18 日，旅渝福建同乡会、华侨励志会、闽台建设协会、厦门大学重庆校友会、集美学校重庆同学会、暨南大学重庆校友会、福建学院旅渝校友支会、中南贸易协会、缅甸归侨复兴委员会、泰国旅渝华侨互助社等十个团体，联合召开"陈嘉庚先生安全庆祝大会"。这天上午，阴雨绵绵，却浇不灭人们胜利的喜悦。500 多名政界、党派和社会知名人士出席大会，于右任、邵力子、柳亚子、郭沫若、黄炎培、沈钧儒、周士观、陶行知等在大会纪念册上签名。

会场四周的墙壁挂满了祝贺的联轴。此时"双十协定"刚签订不久，毛主席已返回延安，特送来单条"华侨旗帜 民族光辉"，这是他对这位倾资兴学，为了民族解放、为了祖国人民和海外侨胞的利益，坚韧勇毅、百折不挠地战斗着的爱国老人的历史性评价。

周恩来、王若飞两人的贺轴上写着："为民族解放尽最大努力，为团结抗战受无限苦辛，诽言不能伤，威武不能屈，庆安全健在，再为民请命！"

与会者邵力子、潘国渠、黄炎培、郭沫若等相继上台致词，表达对陈嘉庚崇高的敬意。最后，柳亚子提议以大会的名义致电陈嘉庚，希望他来重庆参加政治协商会议，共商国是，制止内战。

香山再重逢

1948年，人民解放战争进入第三个年头，国共双方力量对比发生显著变化。陈嘉庚满怀喜悦之情，在《新岁献辞》中欢呼："今岁为民国纪元三十七年，实为我国历史上巨大变革之年，或亦竟为中华民族大革命胜利成功之年！"

4月30日，中国共产党中央委员会发布"五一口号"，号召各民主党派、人民团体、社会贤

＊ 1948年4月30日，中共中央书记处扩大会议在晋冀察军区所在地——河北省阜平县城南庄召开（又称城南庄会议），会议讨论通过了《中共中央纪念"五一"劳动节口号》。"五一口号"全面阐述了关于政治、军事、经济等方面的重大方针、政策，得到民主党派、无党派民主人士和海外华侨的热烈响应，催生新中国诞生的新政协运动在全国兴起。

达迅速召开政治协商会议，讨论并实现召集人民代表大会，成立民主联合政府。5月4日，陈嘉庚代表新加坡的 120 个华侨团体致电毛主席，率先响应中共中央号召。

1949 年 1 月 20 日，毛主席为将要召开的新政协筹备会致电陈嘉庚：

嘉庚先生：

中国人民解放斗争日益接近全国胜利。召开新的政治协商会议，建立民主联合政府，团结全国人民及海外侨胞力量，完成中国人民独立解放事业。为此亟待各民主党派及各界领袖共同商讨。先生南侨硕望，众望所归，谨请命驾北来，参加会议。肃电欢迎，并祈赐复。

收到邀请后，陈嘉庚内心无限感慨，当即复电：

毛主席钧鉴：

革命大功将告成，欣庆胜利，严寒后决回国敬贺。蒙电邀参新政协会议，敢不如命！庚于政治确门外汉，国语又不通，冒名尸位，尤非素志，千祈原谅。

1949 年 6 月 7 日，北京香山上花香四溢，树木葱茏。半山腰的双清别墅内，泉水叮咚作响，从石壁上汩汩流淌下来。远远地传来一阵汽车发动机的声音，毛主席满面笑容地快步走出，迎接他的贵客。

汽车停在门前，周恩来总理挽着一位老人走下车来。

毛主席走上前去，紧紧地握住他的手，"嘉庚先生，欢迎你啊，我们这一别都十年了！"

"是啊，十年了，我终于再次回到了祖国。"环顾着清幽的院落，感受着和平的气息，陈嘉庚感慨万千。

毛主席开怀大笑，"我们两个与 6 月有缘分啊，在延安见面是 6 月，在北京见面又是 6 月。6 月有花香，有夏风，是好时节啊！先生近来身体可好？"他亲切地问候陈嘉庚的健康状况，久别重逢，他们有谈不完的话。

陈嘉庚心中畅快，"好好好，我身体好着哩！"随后他目光严肃，郑重其事地说："十年前答应你的两件事我都做到了。当年离开延安后，所到之处但凡有人问及见闻，我都据实相告。蒋介石因此对我大为不满，但我也要凭良心说话，绝不能指鹿为马。"

毛主席诚恳地向他道谢，"抗战胜利，陈老功不可没。现在全国基本解放了，我们要成立新政协，您可不能不参加啊！"

陈嘉庚面露难色，推辞道："我不懂政治，还不会说国语，起不了什么作用啦。"

周总理旁边笑说："陈老多虑了，不会讲普通话也不要紧啊，全世界没有一个人能听懂所有的语言，国与国还不是照常交往吗？再说，您有庄先生做翻译嘛！"

毛主席也劝说："您现在讲闽南语，我讲湖南话，我们通过翻译不是交谈得很好吗？"

这天晚上，久别重逢的老友们畅谈古今中外，直到深夜。

一周的时间很快就过去了，6 月 13 日，各界欢迎会在北京召开，出席代表及来宾二百余人。陈嘉庚在会上报告东南亚各地战争期间及战后的动乱情况，仍遗憾地表示自己不懂国语，不便参政。

郭沫若接过话来："陈老，心通胜于言通。上个月我率领代表团去欧洲参加和平大会，与会代表虽然语言大多不相通，但意志却是一致的。我与蒋介石语言大通特通，心则完全不通。陈老您就别再推辞了！"

陈嘉庚听着大家的劝解，反复思考，终于接受了邀请。76 岁的他，胸中的那颗爱国之心剧烈地跳动着，他非常想为新中国的建设奉献自己最后的力量。

集美解放纪念碑

集美鳌园中，矗立着一座"特殊"的纪念碑——集美解放纪念碑。

纪念碑高 28 米，象征中国共产党自 1921 年成立以来，经过 28 年的艰苦奋斗，于 1949 年成立了中华人民共和国。座阶 8 级，象征 8 年抗日战争，又 3 级，象征 3 年解放战争。碑座上镌刻着 1949 年 9 月 19 日在北京勤政殿前，陈嘉庚同毛泽东、朱德、周恩来、林伯渠、郭沫若等新政协筹备会常务委员在一起的合影。最有来头的，当属这"集美解放纪念碑"七个大字，这背后还有段感人的故事。

1949 年秋，中国人民解放军第 29 军 85 师 253 团在解放集美的战斗中，坚决执行周总理下达的"集美学校是爱国华侨陈嘉庚先生创办的，一定要保护好"的命令，全部使用轻型武器作战，于 9 月 23 日解放集美，学村完好无损，人民无一伤亡。在浴血奋战中，81 名指战员壮烈牺牲。

为了纪念毛泽东领导的中国共产党开天辟地、建立新中国的丰功伟绩，也为了纪念在解放集美的战斗中牺牲的战士，陈嘉庚着手建立这座纪念碑，并写信请毛主席题写碑名。

1952 年 5 月下旬的一天，陈嘉庚从工地巡视回来，上级通讯员给他送来了一封信。他接过一看，是毛主席寄来的，心脏因为兴奋而剧烈地跳动着。他小心翼翼地把信封打开，信里有两张信笺大小的白纸，一张是毛主席写给他的信，上面写道：

陈委员：

惠书早已收到，迟复为歉！遵嘱写了集美解放纪念碑七字，未知合用否？先生今日身体如何，时以为念。顺致敬意！

毛泽东

一九五二年五月十六日

另一张是陈嘉庚日思夜盼的题字。他激动万分地拿起题字，左看看右看看。这字大气磅礴，如果刻在石碑上，必有气贯长虹之势。碑名就这样定了下来，镌刻在巍峨的纪念碑上。

今天，络绎不绝的中外游客在参观集美鳌园的时候，工作人员还经常向他们讲述陈嘉庚与毛泽东一见如故，与中国共产党肝胆相照的佳话。

链接：集美鳌园

集美鳌园位于浔江之滨，原为一座小岛，形似龟，岛上有一妈祖庙，故亦称为鳌头宫，后因战火焚毁。鳌园占地面积 9000 平方米，由门廊、集美解放纪念碑、陈嘉庚陵墓和四周石雕群围墙组成，鸟瞰呈繁体字"圖"字形。

陈嘉庚重视社会教育，受到济南广智院的启发，决心在家乡建造一座规模宏大、内容广博、富有艺术价值的公园，寓教于游、寓教于乐。鳌园就这样在他的心中酝酿起来。

1951 年 9 月 8 日，趁着退潮，陈嘉庚把集美学校建筑部负责人带到妈祖宫的遗址，讲述了自己对鳌园的大致规划：先建一座集美解放纪念碑，位置定在最高的那块礁石上，碑高十丈，周围再用石雕造一座博物大观。接着又用拐杖指点出围墙的范围，请人用竹竿把它标出来。插好竹竿后，他穿上长筒雨鞋，挂着拐杖下海滩巡视，感到满意，工程序幕就此拉开。

集美鳌园

　　十年的时间，浔江之畔矗立起陈嘉庚留给家乡的最后一座丰碑。

　　鳌园的大门是一座庙宇型的建筑，门口有一对圆雕石狮。大门外广场的角落里有鹗涵洞，逢农历九月天文大潮，海水从涵洞里涌出，迅速漫过地面，此时俯瞰鳌园，鳌状建筑群与广场上的圆盘花圃形如大鳌戏珠。

　　走进大门，是 50 米长的游廊。两边的石壁是一色精美的青石浮雕，雕刻着 58 幅中国古今历史故事。园内围墙也布满了雕刻作品。740 幅浮雕，内容包括木兰从军、孔雀东南飞、梁山伯与祝英台、白蛇传、水浒传、毛遂自荐、西厢记、红楼梦、三国演义、大禹治水、林则徐禁烟、荆轲刺秦王、屈原、文天祥、白居易、郑成功等历史故事和历史人物，还有现代生活、体育运动、各种机械、军事知识、飞禽走兽、游鱼爬虫等。另有 280 幅沉雕，雕刻树木花卉、谷物药材等。洋洋大观，琳琅满目。

　　鳌园石雕群内容丰富，是难得一见的博物大观。1988 年被列为第三批全国重点文物保护单位。

29 与周总理的忘年之交

周恩来一生为中国人民的解放事业和建设事业鞠躬尽瘁，赢得了中国人民的爱戴和世界各国人士的敬佩。他倾心相交的朋友不计其数，许多党外人士把他视为最信赖的朋友，陈嘉庚便是其中之一。周恩来比陈嘉庚小24岁，两人交往20余年，共同参与抗日救亡与新中国建设，结下了真挚的革命友谊。他们惺惺相惜，情深义重。

难忘初相见

"乃昌，你是集美学校学生，嘉庚先生的事迹你是了解的。日寇侵略中国，妄图占我河山，他对此是愤慨的。你在宣传岗位上，正好可以寄些宣传书刊给他，通报国内团结抗战情况，他会欢迎的。"周恩来对在政治部三厅从事文化宣传工作的陈乃昌指示道。

彼时，正是"卢沟桥事变"后，国共第二次合作，周恩来担任国民政府军事委员会政治部副部长。其实这并不是他初识陈嘉庚其人。1924年，周恩来担任中共广东区委领导，广东区委在陈嘉庚创办的集美学校里秘密建立和发展了国民党左派革命组织，第二年组织了共青团支部，1926年又组织了共产党支部。集美学校成为闽西南革命的发源地，被誉为福建的"民主堡垒，革命摇篮"。周恩来在与集美学校党、团组织的联系中了解了爱国侨领陈嘉庚的义举，深受感动。

同样的，陈嘉庚虽然一直以来与中国共产党人没有直接接触，但早就听说共产党内有一位非常了不起的人物——周恩来。作为中国共产党的代表，周恩来长期活动在国民党的心脏——重庆，在国民党和民主党派中有很多朋友，是一位受到广泛尊重、极富传奇色彩的人物。但陈嘉庚一直没有机会亲睹他的风采。

1940年7月21日，陈嘉庚始终记得这一天，这是与周恩来约定第一次见面的日子。

这天早饭过后，陈嘉庚早早就站在门外等候，当看见身穿制服、浓眉大眼的周恩来出现在嘉陵招待所门口时，不禁喜上眉梢。相差20多岁的两个人，紧握着双手互相问候。因为陈嘉庚不会讲普通话，李铁民就为他翻译。

周恩来语气坚决地重申着中国共产党的三大主张：坚持抗日反对投降；坚持团结反对分裂；坚持进步反对倒退。他说："国共合作，这是历史的潮流，顽固派搞摩擦，是不会得逞的。有人要阻止我们在西安会面，但是今天我们不是在重庆会面了吗？"

接着，周恩来又进一步分析了国内抗战形势，指出了团结抗日的光明前途，并对海外侨胞提出了殷切的希望。他侃侃而谈，陈嘉庚听得入神，不时点头称是。面前这位共产党人精辟的政治见解，平易近人的作风，虚怀若谷的胸襟，都令他折服，心中对中国共产党的好感不禁又提升了许多。

为正义斗争

陈嘉庚与周恩来初次见面后没几日，就应国民外交协会主席陈铭枢之约，做了主题为"西北之观感"的演讲。当晚下着大雨，但会场仍挤满了听众，重庆各报馆的记者都来了。陈嘉庚如实说了自己对延安的良好印象。然而，重庆的 11 家报馆中，仅有 5 家刊发了这篇演讲的大概内容，还有 5 家保持沉默，唯有共产党人办的《新华日报》将演讲全文整理刊发了。陈嘉庚的演讲令重庆的国民党人极为不满，他们认为陈嘉庚以华侨领袖的身份如此发声，是在扩大共产党的影响。陈嘉庚光明磊落，面对种种非议，他坦然地表示，自己是凭良心和人格说话，无论在何处，如果要他演讲回国所见，决不说违心话。

回到南洋后，陈嘉庚同样如实向侨胞们报告了自己的回国见闻，使广大侨胞了解国民党统治区的黑暗，也看到了解放区的光明。他的言论引起了国民党的不满，甚至还发电报给英国驻新加坡领事馆，提出禁止他入境。在陈嘉庚受到国民政府的攻击时，中国共产党致电予以精神鼓励。周恩来更是对陈嘉庚的刚正不阿大力赞扬，由衷钦佩。

1941 年 1 月，震惊中外的"皖南事变"发生了。周恩来满腔悲愤地在《新华日报》上题词："千古奇冤，江南一叶，同室操戈，相煎何急！？"

消息传到新加坡，陈嘉庚立即代表海外华侨致电国民参政会转国民政府、全国军政长官、全国同胞，呼吁团结止戈，一致抗日。

★ 抗日战争时期，蒋介石蓄意制造的破坏国共团结抗战的重大反共事件。1940 年 10 月 19 日，蒋介石强令在黄河以南的八路军、新四军于一个月内开赴黄河以北。为顾全大局，1941 年 1 月 4 日，皖南新四军军部直属部队等九千余人，在叶挺、项英率领下开始北移。1 月 6 日，当部队到达皖南泾县茂林地区时，遭到国民党 7 个师约 8 万人的突然袭击。新四军英勇抗击，激战 7 个昼夜，终因力量悬殊，弹尽粮绝，大部分壮烈牺牲。军长叶挺被扣押，副军长项英突围后遇难。

他强调，"皖南事变"的发生是对国家民族的危害，表达了海外华侨的忧虑与愿望。中国共产党对陈嘉庚的仗义执言极为赞赏，以毛泽东、朱德、周恩来三人的名义致电表示敬佩与鼓励。

抗战胜利后，国共双方在重庆签署"双十协定"，海内外人士对中国的前途大多抱乐观态度。陈嘉庚此时已深知蒋介石的为人，看出他对和平毫无诚意。正巧此时《华侨导报》5 周年庆请陈嘉庚题词，他愤而提笔："还政于民，谋皮于虎。蜀道崎岖，忧心如捣。"

对此，周恩来很佩服陈嘉庚对时局认识的深刻，赞扬道："过去与蒋介石谈判，正如陈嘉庚先生在 1946 年打给我的电报中所说，是'无异与虎谋皮'。但是又不能不谈，因为人民切望和平，而当时像陈嘉庚、张奚若二先生这样的人还不多，广大人民还不了解蒋介石的和平骗局。"

1946 年 5 月 3 日，为停止内战，周恩来率中央代表团到南京与国民党重新谈判。陈嘉庚为身在虎穴的周恩来担心，发电报陈述自己对国共谈判的看法，并提请周恩来警惕国民党的阴谋暗算。周恩来很是感动，亲自致信陈嘉庚：

"陈嘉庚先生道鉴：惠电奉悉。卓见深情，感佩无已。对阴谋暗算，自当如嘱慎防，请释座念。周恩来叩"

令人担心的事情还是发生了。1946 年 6 月，国民党反动派撕毁停战协议，悍然发动全面内战。反对内战的陈嘉庚在新加坡被卷入"倒陈"逆流之中。为了拥有自己的舆论阵地，1946 年底，陈嘉庚创办《南侨日报》。周恩来派夏衍前往新加坡了解抗战时期流散在东南亚一带的文化工作者的情况，并向陈嘉庚等爱国华侨领袖转达中共中央的关怀。

夏衍出发之前，周恩来对他说："嘉庚先生在新加坡创办了《南侨日报》，胡愈之担任社长，急需人手，陈老对你以前主编桂林版《救亡日报》印象很好，你去帮助他加强这个'民主堡垒'吧！"夏衍到新加坡后，担任《南侨日报》的主笔。他撰写的社论笔调尖锐，给陈嘉庚以有力的支持。

支持集美学校事业

中华人民共和国成立后，人民政府着手恢复国民经济，贯彻过渡时期总路线，实行对私改造发展国营经济。

陈嘉庚曾于 1920 年倡办同美汽车公司，于 1943 年倡办集友银行。两家公司在创建时都是以盈利提成为集美学校和厦门大学的办学经费提供支持。陈嘉庚支持发展国营经济，先后两次致电周恩来总理，请求人民政府将两家公司接办或改为公私合营。不久，周总理发来电文答复。同美汽车公司的汽车物资等由交通部按价收购，人员工资由政府负责拨发，人员安排由政府负责解决。厦门和上海的集友银行都可以继续营业，由国家银行帮助，多分配部分侨汇与贷放任务，保证集友银行有利可图，不至亏损，多余人员也可以安置在国家银行。电文中还说两件事都已经交付相关部门执行。陈嘉庚为周总理的细心安排所感动。

1959 年，集美遭到强台风袭击，八成校舍受损，陈嘉庚视察校园后痛心不已。正当他为修复校舍的事情忧心忡忡时，突然接到周总理的电报，对集美学村遭受灾情表示慰问，同时还告诉他，国务院已经决定拨专款 80 万元修复校舍。这笔经费真是及时雨！周总理对学村的重视与关心再次让这位老人深深感动。

其实，令陈嘉庚感动的又何止是这么几件事呢？"周恩来总理真是为人民办实事的好总理，天生的总理啊！"他总是这样对人说。

怀念嘉老，建归来堂

"总理，嘉老突发脑溢血，状态不是很好。"听到来人的话，周总理立刻从文件堆中抬起头来，紧皱的眉头透露着他浓浓的担忧。

早在 1959 年，陈嘉庚就因病赴北京治疗，周总理特地为他选择了圆恩

周恩来的工作日台历，将看望陈嘉庚列入当天行程安排

寺一座四合院，清静幽雅，宽敞明亮，很适合养病。在陈嘉庚治疗期间，周总理不但安排了国内最好的专家、使用最先进的医疗技术和设备，还经常组织专家组为他会诊，并亲自审阅病情报告。这期间，周总理几乎每月都到医院探望。1961 年 6 月，陈嘉庚再次病危。周总理急匆匆赶到医院时，他已紧闭双眼，失去了意识。周总理内心焦急，却仍镇定地嘱咐医护人员："竭尽全力抢救！"

"嘉老之前有什么交代吗？"周总理关切地问着陈嘉庚身边的工作人员。

"总理，这次嘉老发病得比较急，这几天陆续跟我说了这么几件事，我跟您汇报一下。"庄明理看了看床上静躺着的陈嘉庚，叹了口气。"嘉老很乐观，他对死亡并不畏惧，他希望去世后能运回集美安葬，落叶归根。他最关心的是国家的前途，他说我们一定要尽早解放台湾，台湾必须回归祖国。令他挂心的还有集美学校和学生们，学校一定要继续办下去。"

★ 庄明理（1909—1991），中共党员。1925 年出国，在马来亚、印度尼西亚经商，积极投身抗日救亡运动，支援祖国抗战事业。1946 年加入中国民主同盟，1949 年回国参加全国政协第一届全体会议。历任中央人民政府华侨事务委员会副主任、中国民主同盟中央常委、中国侨联副主席等职，曾当选全国政协常委，曾任华侨大学第一届董事会副董事长、第二届董事会董事。

周总理听完汇报后，郑重地点点头，立即按照陈嘉庚的心愿相应作了指示。因公务繁忙，他再三叮嘱医护人员要精心护理后才离去。

良久，陈嘉庚悠悠转醒，庄明理立刻把周总理的指示告诉了他，他感动至深，露出了宽慰的笑容。他知道，周总理答应的事情，绝对不会食言，他可以安心地走了。

1961 年 8 月 12 日，陈嘉庚与世长辞。中央人民政府成立由 43 人组成的陈嘉庚先生治丧委员会，周总理亲自担任主任委员。8 月 15 日，人民政府为陈嘉庚举行公祭大会，首都各界 2000 多人齐聚中山公园中山堂。周总理主持公祭大会。公祭结束起灵，周恩来总理和朱德委员长领先执绋，其后，陈嘉庚的灵柩由专列运回故乡集美。

陈嘉庚生前曾想盖一所房子供海外归来的子孙居住，但考虑到集美的规划还未完成，不肯先私后公，一直没有兴建。周总理为了实现他的遗愿，立即指示有关部门拨出专款，在陈嘉庚墓的斜对面修了一座"归来堂"。归来堂于 1962 年 8 月落成，建筑面积 1000 多平方米，是一座别具风格的单层建筑，取白石砌墙，绿瓦盖顶，极具闽南特色。

在周总理的关心下，陈嘉庚得偿所愿了。

归来堂

30 天上有颗"嘉庚星"

1964年11月9日的夜晚，南京上空星罗棋布。当紫金山天文台的望远镜再次对准金牛星座观测时，大家难掩兴奋之情——他们发现了一颗新的小行星！

经过连续跟踪观测，天文学家计算出这颗小行星的空间运行轨道，并将观测和计算结果对外发表。国际小行星中心立即将这个新天体临时编号为1964VMI。这颗小行星先后在四个不同年代，得到了苏联克里米亚天文台、美国哈佛天文台等机构的多次观测证实，符合国际小行星中心给予新小行星永久编号所需具备的条件。1983年12月，国际小行星中心将其正式编为2963号小行星，并确认该星是中国科学院紫金山天文台所发现。按照国际规定，获得国际永久编号的小行星，发现者有权提出命名。

★ 中国科学院紫金山天文台，简称"紫台"，前身是成立于1928年的国立中央研究院天文研究所，是我国自己建立的第一个现代天文学研究机构，被誉为"中国现代天文学的摇篮"。

★ 小行星命名是一项国际性的、永久性的崇高荣誉。小行星的名字由两部分组成：前面一部分是永久编号，后面一部分是名字。小行星的命名权现在一般属于发现者。国际小行星命名委员会根据发现者的提议而进行命名。所有的小行星命名，须报经国际小行星中心和小行星命名委员会审议通过后，才公布于世，成为该天体的永久名字。

1990年11月5日，国际小行星委员会将中国科学院紫金山天文台发现的第2963号小行星命名为"陈嘉庚星"，并公告称："此星以纪念著名中国教育家陈嘉庚而荣誉命名。陈嘉庚先生毕生倾资办学，对中国教育事业的发展做出了光辉贡献。"

陈嘉庚离开了我们，他将伟大的嘉庚精神留在了人世间。从此，他化作一颗璀璨的明星，永远守护着他热爱的国家与人民。

人们永世纪念陈嘉庚

2008年10月21日，在陈嘉庚离开我们47年后，一座完整地展示陈嘉庚生平事迹的纪念馆正式开馆。她矗立于集美浔江畔，采用传统建筑形式，以"嘉庚建筑"风格为主导进行重新创作构思，高筑台大台阶、四面廊大立柱、多段脊歇山顶，无处不展现着建筑本身雄伟庄重的大气之美。

陈嘉庚纪念馆基本陈列"华侨旗帜 民族光辉——陈嘉庚生平陈列"横跨3个展厅，通过300多张历史照片、500多件文物实物，采用沙盘、模型、复原场景等多种陈列形式，展示陈嘉庚生活的时代和他非凡的一生。

陈嘉庚纪念馆

2013年10月6日，设于马来西亚首都吉隆坡中华大会堂内的陈嘉庚纪念馆正式开馆，回顾展示陈嘉庚的光辉生平、重要历史贡献和人生成就，向马来西亚年轻一代宣传嘉庚精神。

吉隆坡暨雪兰莪中华大会堂

143

人们如此怀念陈嘉庚

全国政协、全国侨联等机构，为他举办隆重的纪念大会，著书立传。

厦门地铁1号线列车、厦门大学3000吨级科学考察船、新加坡的Tan Kah Kee地铁站以他的名字命名。

厦门、福州、安溪、广州、玉树、畹町……在祖国大地甚至新加坡、马来西亚、美国都竖立着一座座陈嘉庚雕像。

首日封、邮票、纪念币，连新加坡的20元纸币都印着陈嘉庚的头像。

2009年，陈嘉庚入选"一百位为新中国成立作出突出贡献的英雄模范人物"。2015年，陈嘉庚获授中国人民抗日战争胜利70周年纪念章。

福建日报

社会主义核心价值观基本内容

习近平总书记给厦门市集美校友总会回信

希望广大华侨华人弘扬"嘉庚精神"，深怀爱国之情，坚守报国之志，同祖国人民一道不懈奋斗，共圆民族复兴之梦

2014年10月17日

习近平总书记
给厦门市集美校
友总会回信

2014 年 10 月 17 日，在陈嘉庚先生诞辰 140 周年之际，习近平总书记给厦门市集美校友总会回信，希望广大华侨华人弘扬"嘉庚精神"，深怀爱国之情，坚守报国之志，同祖国人民一道不懈奋斗，共圆民族复兴之梦。

144

习近平总书记回信全文：

值此陈嘉庚先生诞辰 140 周年之际，我谨对陈嘉庚先生表示深切的怀念，向陈嘉庚先生的亲属致以诚挚的问候。

陈嘉庚先生是"华侨旗帜、民族光辉"。我曾长期在福建工作，对陈嘉庚先生为祖国特别是为家乡福建作出的贡献有切身感受。他爱国兴学，投身救亡斗争，推动华侨团结，争取民族解放，是侨界的一代领神和楷模。他艰苦创业、自强不息的精神，以国家为重、以民族为重的品格，关心祖国建设、倾心教育事业的诚心，永远值得学习。

实现中华民族伟大复兴，是海内外中华儿女的共同心愿，也是陈嘉庚先生等前辈先人的毕生追求。希望广大华侨华人弘扬"嘉庚精神"，深怀爱国之情，坚守报国之志，同祖国人民一道不懈奋斗，共圆民族复兴之梦。

习近平

2014 年 10 月 17 日

陈嘉庚"先天下之忧而忧，后天下之乐而乐"，为维护世界和平、推动社会进步、实现强国富民的理想，倾其所有，毕其一生以赴之。他的典范超越了政治分野、跨越国界，为人类文明增添了一份宝贵的财富。

陈嘉庚精神，与日月同辉，与天地共存！